誤解された親鸞の往生論

小谷信千代

法藏館

誤解された親鸞の往生論　目次

誤解された親鸞の往生論

はじめに

親鸞聖人は往生をどのように考えられたのか。そのことを明らかにしたいと考えたのは、近年各地で開かれたお坊さんたちの「秋安居」と呼ばれる学習会での経験が大きな動機となっています。それは初日の講義を終えた夜の懇親会でのことでした。四十代と思われる住職が私の前に座られて、「往生が死後に得られるというのは本当ですか」と尋ねられました。それは私が講義のなかで、浄土経典に説かれる往生は「臨終往生」だけであると述べたことに対する質問でした。なぜそういう質問をされるのかを尋ねると、その住職は、自分は往生が現世で得られるものと教えられたからだと言われました。

その住職の頭のなかには、「現世での往生」を説くのが親鸞聖人（以下、親鸞と称します）の往生論の特徴であると、大学や地域での学習会で教えられたことが記憶として残っているようでした。教えられたとおりに、亡くなった門徒さんが現世ですでに往生し、浄土に行っているのであれば、お葬式は何のためにするのだろうか、と疑問に思うと言われました。親鸞が「現世での往生」を説いたとする説は、『岩波仏教辞典』の初版にも記されています。しかしその説は、誤りであることが認められたのでしょう、第二版からは除かれています。けれども大谷派（東本願寺）では宗派の重要な教学の柱とされたためでしょう、強い影響力を失わずに現在にいたりました。

その住職は、往生に対する疑問を解消できないままできたものですから、葬儀のみならず法事の場でも、何か自信が持てずにお経を唱えていると言われるのです。その言葉のなかにも「現世往生説」の影響力の強さがうかがわれました。かれは、それが自分たちの世代の多くの住職が抱く不安感だと言われました。それは私にとって非常な驚きでした。かれらが学んできた宗門の大学で教えてきた者としての責任を感じざるを得ませんでした。

翌朝の講義では、浄土経典には現世での往生はまったく述べられていないことをまず話しました。そして、経典にはただ一箇所「即得往生」と説かれて「現世往生」を述べるかのように誤解される経文はあるけれども、親鸞はその語を、「真実の信心が獲得されれば、臨終の時には必ず往生することが約束されること」を述べる語であり、「現世で直ちに往生すること」を述べるものではないことを示すために注意書きをしておられることを、典拠を挙げて説明しました。閉会式の後で、その住職は私の言ったことを再度、確認に来られました。それは「現世往生説」がいかに強い影響を与えているかを示す出来事でした。

そういうことがありましたから、その後の学習会では、親鸞が「現世往生」を述べていないことを主要課題として講義することにしました。予想どおり、どの会場でも初日の講義の後では色々な反論がありました。しかし経典や親鸞の言葉を示して丁寧に説明すれば、二日目の講義の終わる頃には反論は出ないようになりました。この度、編集部よりの親鸞の往生論をなるべくわかりやすく解説する書を出してはどうかという提案をお受けしたのは、いま述べたような疑問を持って釈然としない思いを抱いておられるお坊さんや門信徒の方々に、親鸞の説く往生が「臨終往生」のみであることを、その根拠となる経文と親鸞自身の言葉とをはっきりと示したうえで理解していただきたいと思ったからです。

私は先に『真宗の往生論』（法藏館、二〇一五年）を公刊しました。その書は親鸞が「現世往生」を説いていないことを論証したものです。そこではなるべく厳密に論証することを心がけました。そのため研究書的なものとなり、一般読者の方々には多少とっつきにくい印象を与えるものとなりました。それで本書では、現世往生説はなぜ間違いであるかに焦点をしぼって、わかりやすく説明したいと思います。本書で親鸞の求めた往生が「現世往生」でないことを理解していただいたうえで、親鸞の求めた「往生」（難思議往生）とはどういうものであり、なぜ親鸞はそれを求めたのかということをさらに詳しくお知りになりたい方は、『真宗の往生論』をお読みいただきたいと思います。

一　現世往生説はなぜ間違いか

〝現世で往生する〟などと言うのは、一般的な仏教の常識からすればまったくナンセンスです。しかしある人々は、親鸞は臨終往生と現世往生という二種の往生を説いたのであり、現世往生説こそ親鸞独自の重要な思想なのだと主張します。現在、本願寺派（西本願寺）では少数の信奉者以外には認められていませんが、大谷派（東本願寺）では依然としてその奇妙な説の信奉者が絶えません。

本願寺派では星野元豊師、信楽峻麿師という龍谷大学の学長経験者、大谷派では曽我量深師、寺川俊昭師という大谷大学の学長経験者が、その提唱者としておられます。このような権威ある方々が〝現世で往生する〟と言われるのだから、よくわからないが何か深い意味があってのことだろうというのが、その説を信奉している方々のおおかたの考えであろうかと思います。

私も以前は漠然とそうかも知れないと考えていました。しかし櫻部建博士によって、現世往生説は親鸞の文章を読み間違ったことが原因で生じたものであることが指摘されて、その説の成り立たないことが眼から鱗が落ちるように明らかになりました。その文章とは、親鸞が『大無量寿経』第十八願成就文に説かれる、信心歓喜し、浄土に往生したいと願えば「すなわち往生を得る（即得往生）」という語を注解するために自著『一念多念文意』中に述べた言葉です。

この『大無量寿経』の言葉は、そこだけを読むと「信心を得て歓喜して浄土に生まれたいと願えば、直ちに往生が得られる」と述べて、一見「現世往生」を説いているように見えます。しかし経典全体を通して読めばそんなことはまったく説かれていませんし、親鸞もそうは受け止めていません。経典をよく読み、その語に対する親鸞の説明を正しく読めば「現世往生説」は起こり得なかったのです。そのことを以下に説明したいと思います。

のちに詳しく検討しますが、親鸞は自著『一念多念文意』において、「即得往生」という経典の言葉は、直ちに往生が得られることを意味するのではなく、「正定聚《しょうじょうじゅ》に定まる」ということを意味するだけである」と注釈しています。つまり親鸞はこの言葉を、真実の信心が得られれば現世では「正定聚・不退転の位」が得られることを述べる語として受け止めるべきであり、「即座に往生が得られること」つまり「現世に往生が得られること」を述べるものではないと言っているのです。「正定聚・不退転の位」とは、命終の時に必ず往生のできる身と定まり、仏となることから退転しない位のことです。親鸞は、現世で真実の信心が得られれば、「正定聚・不退転の位」につくことができ、臨終の時には必ず往生すべき身と定まる、と経典に説かれていることに気づいて大きな慶びを感じたのです。

親鸞は、自らを罪悪深重のゆえにとても往生はかなわない地獄に堕ちるに決まっている者と考えてきました。しかし経典に、真実の信心が得られれば、現生では正定聚の位につき、命終の時には必ず浄土に往生することのできる身となることが説かれていることに気づいて非常に慶ばれたのです。それが親鸞の信心の慶びです。もし親鸞がその語を「現世で往生できる」ことを説く語として受け止めていたとしたら、なぜ「来世に必ず往生することのできる身となる」ことを慶んだりするでしょうか。現生ではとうてい往生できないことを身をもって知っていたからこそ、臨終の時に往生できることが説かれていることを知って慶んだのです。その注解の言葉をある人々は、親鸞は「正定聚に定まることがすなわち往生を得ることである」と述べたものと誤読したのです。

ほかにも、親鸞の聖教《しょうぎょう》の多くの言葉が誤読されて現世往生説の典拠にされています。前記の拙著でその誤読であることを、現世往生説の典拠とされる親鸞の聖教の言葉を一つひとつ検証して、親鸞が臨終往生以外に現世往生と考えられるような往生はまったく述べていないことを論証しました。今回は、親鸞が「現世往生」を説かなかったと断言し得る根拠は何かということを中心に、できる限りわかりやすく述べてみたいと思います。それとともに、親鸞の説く臨終往生を信ずることが、現在のわれわれにどういう意味を持つかを考えてみたいと思います。

二　近代教学の説く現世往生説

明治時代に精神主義を唱道して近代的仏教信仰を確立したとされる清沢満之の信念を継承する、曽我量深、金子大榮、安田理深という諸師の教学研究の流れをくむ、いわゆる「近代教学」が主流を占めてきた大谷派では、「現世往生説」の信奉者は今でも予想外に多くおられます。それら近代教学を信奉する人々は、「現世往生」という用語を直接用いておられなくても、「親鸞の理解する他力念仏による往生は臨終往生ではない」とか、「現世で正定聚・不退転を得ることを親鸞は往生を得ると述べているのだ」などと言われることにおいて、要するに親鸞は現世での往生を説いたのだとする「現世往生説」に分類されます。ただし、金子師はのちに述べるように、明確に「臨終往生説」の立場をとっておられるので、そういう意味では近代教学の流れに属する人々のなかに含めることはできないと考えます。

近代教学で語られる臨終往生ではない往生、いわゆる「現世往生」とはどういうものでしょうか。それはたとえば、星野師や曽我師によって提唱されたような宗教哲学的に理解された往生説を指す、と言われることがあります(1)。そう主張する「朋友」に挙げられる星野師の「現世往生説」とは次のようなものです。

浄土は死後のはるか彼方の彼岸にあるのではない。獲信のその時、脚下のそこに浄土はすでにきているのである。生死の因も果も横超のところにおいて断たれているのである。親鸞が即得往生とよんだのは、誠に当然といわなければならない(2)。

（傍線は小谷の付記。以下同様）

「朋友」は、星野師と同様に宗教哲学的な思索をされた人として曽我師を挙げ、師の「現世往生説」を示すものとして次のような言葉を引用しています(3)。

南無阿弥陀仏を信ずる時に未来の浄土は既に現在している。浄土は既に始まっておる(4)。

星野師が「獲信のその時、脚下のそこに浄土はすでにきている」と言われることも、曽我師が「南無阿弥陀仏を信ずる時に未来の浄土は既に現在している」と言われることも、新たな宗教哲学的解釈などとは呼べず、旧来の理解を一歩も出ていない往生理解を示しています。それはそのまま『大無量寿経』に、

法蔵菩薩はいま已に成仏し、現に西方にましますここを去ること十万億の刹（仏国土）である。その仏の世界は名づけて安楽という。（『真宗聖典』〈東本願寺出版部〉二八頁参照。以下、引用に際しては、原文を読みやすくするために適宜、句読点や送りがなを加え、漢字は新字に、かなの表記を現代表記に改めます）

と説かれているからです。しかし「浄土がいま現に存在している」と説かれるからといって、それは私たちが「浄土にいま現に往生している」ということを意味しているわけではありません。曽我師が「往生ということは一言でいうと、本当の人間生活ということでしょう」と言われるのは、その両者を混同されたからです。阿弥陀仏を信じ、「浄土の存在を感ずる」ことが、「浄土に生まれる」ことと異なることは言うまでもありません。経典も浄土の存在を観ずる（感ずる）ことを浄土に往生することとは述べていませんし、親鸞もそのようには語ってはいません。むしろ親鸞はそのように語ることを厳しく戒めています。

曽我師は「往生は心にあり」と述べて、往生を心のありようと間違って宗教哲学的に解

釈し、それゆえ現在の心のありようによって現世に往生は得られるかのように考えて、「現世往生」を主張されたと考えられます。しかしそのような往生の獲得の仕方は般若経に説かれる「空の悟りによる浄土への往生」に相当するものであり、『無量寿経』に説かれる「念仏による往生」には相当しません。曽我師のように「この心を離れて別に浄土があると思うのは迷いである」と主張する「唯心の浄土」という考え方を、親鸞は「浄土の真証を貶める」ものとして厳しく退けています（『教行信証』信巻序）。

以下に、親鸞の語る往生が臨終往生のみであり、現世往生でないことを、まず親鸞の聖教の正しい読み方を示すことによって明らかにし、それによって近代教学の「現世往生説」が聖教の誤読にもとづくものであることを明らかにします。次にその誤読の背景に、仏教思想史上に、浄土思想がなぜ必要とされたのかという浄土思想出現の由来を考慮しなかった研究姿勢があると考えられますので、浄土思想の起源について説明します。それをお読みいただければ、親鸞が「現世往生」などという浄土思想出現の由来に背くようなことを考えるはずのないことは、容易に理解していただけると思います。

以上のような基礎的考察を踏まえて、星野師や曽我師のような宗教哲学的解釈と称される現世往生説が、親鸞の往生理解とどのように異なるものであるかを明らかにし、そのような間違った説がどうして多くの人々に信奉されるようになってしまったかを考えてみたいと思います。そして、今後このような誤解が生じないようにするための聖教研究の方法の一つとして、江戸時代の優れた講師たちの講義録（講録）を読むことが、現実的で有効であることを提案したいと思います。そのために、誤解を生み出す元となった親鸞の『一念多念文意』の文章を講師たちがいかに緻密に読み取り、親鸞の「臨終往生」の意図を正確に把握しているかを、講録の説明を具体的に取り上げて紹介します。

最後に、最晩年まで金子師の「未来往生（臨終往生）」を受け容れられなかった曽我師が、見舞いに来られた金子師にそれが理解できるようになった旨を告げてお念仏を称えられたという記事を紹介し、金子師が臨終往生を大切に考えられる言葉を紹介したいと思います。金子師の言葉を参考にして、臨終往生という教説が現在の私たちにどのような意味を持つものであるかを、ともにお考えいただきたいと思います。

さて、本論に入る前に、これから「近代教学」とともに「近代仏教学」という紛らわしい用語を用いますので、近代仏教学について簡単に説明を加えておきます。近代仏教学とは、パーリ語原典・サンスクリット原典・チベット語訳・漢訳など、研究に必要なあらゆる仏典を用いて、実証的に研究することを心がける仏教学を指します。仏陀釈尊の思想を理解したいと思えば仏典が、宗祖親鸞のお心を知りたいと思えば聖教が、それぞれいま私たちに残された唯一の根拠です。仏典や聖教を、自分勝手な思い込みを可能な限り排除して、釈尊や親鸞が伝えようとしたお心に沿うように心がけて精読すること、それが釈尊や親鸞に近づき得るために私たちに残されている唯一の道です。

近代教学の信奉者は、しばしば信心なくして聖教は読めないと言われますが、それは逆転した考え方です。私たちの信心は、自分では如来より賜った「他力の信心」だと思っていても、常に慢心によって「自力の信心」になっています。その慢心は極めて取り除き難いものです。それを取り除くために考え出されたのが、仏典や聖教を読むに際して、現存するテキストを可能な限り活用し、それらをそのテキストの文法に準じて文章どおりに解読して、意味を正確に把握しようとする実証的な近代仏教学という方法です。もちろんすべての方々にそのような方法をとることを勧めているわけではありません。現代ではそのような方法でなされた仏典の翻訳書や研究書や解説書が数多く出版されています。先に挙げた私の『真宗の往生論』もそのような書物の一つです。そこでここでは拙著によりつつ、親鸞の述べる往生がどのようなものであるかを解説したいと思います。

（1）　千賀正榮「「近代教学は失敗した」というが」（『朋友』第三六号、二〇一五年七月発行）一八～一九頁。これはただ拙著『真宗の往生論』に対する反感と星野元豊師や曽我量深師への共感を述べたものであり、拙著に対する反論にも批評にもなっていないので、ここで論評することはしない。しかしそこには、大谷派寺院の住職たちのなかに今も少なからずおられる近代教学の信奉者の「現世往生説」の典型的な考え方がよく現れており、「現世往生説」がいかなるものであるかを示すには好都合なので、その都度「朋友」の略称で引用させていただく。なお、手直しされたものが同年九月に同号の付録として発行されている。

拙著に対する論拠を挙げての反論はまだ見られない。近代教学の信奉者の方々は公表された自己の主張・論説に責任を取られるべきである。拙著では、一益法門を主張され、往生を多義語とする本多弘之氏の論説を批判した。本多説の問題点を根拠を明示して批判したにもかかわらず、氏は未だ明確な反論を公表されていない。氏が一益法門をあえて採られることは、大谷派の重要な宗義として伝承された二益法門を否定することを意味する。また、氏は宗派の重要な聖教である『一念多念文意』の文章を従来とは異なる解釈をされた。拙著では、金子師や櫻部博士によって『一念多念文意』に説かれる「正定聚の位につく」が「往生を得る」を意味しないことを明らかにされていることを示して、親鸞が往生を二つの意味には用いていないことを論証し、そのうえで氏の解釈を批判した。それゆえ、氏は自説を撤回するか、『一念多念文意』に対するご自分の読み方を、拙著で示したように明確に提示して、親鸞によって往生の語が多義に用いられていることを論証されなければならない。氏は宗義および聖教に関する重要事項の審議を目的とする董理院の役目についておられる。その役目の上からも氏は批判に応えられるべき責任がある。

(2) 星野元豊『親鸞と浄土』(三一書房、一九九〇年、第三刷)九八頁。
(3) 前掲註(1)「朋友」一九頁。
(4) 津曲淳三編『曽我量深先生の言葉』(大法輪閣、二〇一一年)。

三　親鸞の聖教に説かれる往生

親鸞が現世往生を説いたかのように言われる場合に、しばしばその典拠とされるのは『一念多念文意』です。そこには経典の「即得往生」という語の意味を次のように解説した文章が見られます。

「即得往生《そくとくおうじょう》」というは、「即《そく》」は、すなわちという、ときをへず、日《ひ》をもへだてぬなり。また即は、つくという。そのくらいにさだまりつくということばなり。「得《とく》」はうべきことをえたりという。真実信心《しんじつしんじん》をうれば、すなわち、無碍光仏《むげこうぶつ》の御こころのうちに摂取《せっしゅ》して、すてたまわざるなり。「摂《せつ》」は、おさめたまう、「取《しゅ》」は、むかえるともうすなり。おさめとりたまうとき、すなわち、とき・日をもへだてず、正定聚《しょうじょうじゅ》のくらいにつきさだまるを、往生をうとはのたまえるなり。

（『真宗聖典』五三五頁）

この親鸞の文章は、『無量寿経』第十八願の成就文に、

諸有衆生　聞其名号　信心歓喜　乃至一念　至心回向　願生彼国　即得往生　住不退転

と説かれる経文の「即得往生」の語を説明したものです。意外に思われるかも知れませんが、「即得往生」は浄土経典にほとんど出てこない語なのです。無量寿経に関して言えば、康僧鎧《こうそうがい》の訳した『無量寿経』に一度、法賢《ほうけん》の訳した『荘厳経』に二度現れます。阿弥陀経に関して言えば、羅什《らじゅう》の訳した『阿弥陀経』に一度だけ現れます。そしてそれは『荘厳経』では「是人臨終」という語の後に、『阿弥陀経』では「是人終時」という語の後に現れ、即得往生が命終の時のこととされ、現世でのこととされていないことは明らかです。このように往生ということは、臨終往生、命終往生というのが『無量寿経』をはじめとする浄土経典の普通の考え方です。それが浄土経典での「即得往生」という語の通常の用法であると考えられます。

往生が命終後であることを明確に述べていないのは、右に引用した『無量寿経』第十八願成就文中にただ一度現れる「即得往生」の語だけです。それゆえ親鸞は、この異例な

「即得往生」の語が、浄土経典に説かれる臨終往生や命終往生とは異なる往生を説くものと誤解されないようにするために、前記の『一念多念文意』の文章を述べられたものと考えられます。このような親鸞の配慮にもかかわらず、その語を臨終往生や命終往生とは異なる往生、つまり「現世往生」を説くものと誤解してしまったのが近代教学の信奉者たちです。この語について櫻部建博士は次のように述べておられます。

〔この語は、〕しばしば、正定聚に定まるのがそのまま往生であると聖人は考えていらっしゃる、と見る根拠として挙げられています。しかしそれはまったくの誤解だと私は考えます。聖人のことばは、「正定聚に定まるのがただちに往生だ」という意味ではなく、「すなわち往生を得る（即得往生）と経文に言われているのは、正定聚に定まることを直裁にそう言い表してあるのだ」という意味であります[5]。

（〔　〕内は小谷の補記。以下同様）

この櫻部博士の理解がまったく正しいと思います。つまり「正定聚の位に定まるを往生を得とはのたまへるなり」という親鸞の言葉は、近代教学の人々が誤解したように、「正定聚に定まるのがそのまま往生を得るということである」ということを言おうとしたものではなく、「即得往生という経の言葉は、ただ正定聚に定まるということを意味するだけだ」ということを言おうとしたものである、とするのが博士のお考えです。

金子大榮師は近代教学の人々の一人に数えられていますが、親鸞の往生観について櫻部博士とまったく同様のお考えを次のように述べておられます。

思ふに往生といふことは真宗にありても必ず未来のことであらねばならぬ。親鸞にありては「真実報土のきしにつく」と「無上大涅槃のみやこにいる」とは同じことであった。(中略) 往生を現生にあらしむれば、滅度をも現在にあらしめねばならぬであろう。(中略) 難思議往生も必ず未来の事であるべきであろう。即得往生は未来であり、住不退転は現生である。そこ(『一念多念証文』)には即得往生を直ちに、日をもへだてず浄土に生るゝのであるとは解していない。ときをへだてず「そのくらゐにさだまりつく」(『一念多念証文』)ものは、摂取不捨に依る住正定聚である。[6]

金子師も、このように親鸞は『一念多念文意(証文)』において、「即得往生」を直ちに日をもへだてず浄土に生まれることとは解していないことを明瞭に指摘しておられます。櫻部博士と金子師によるこれらの指摘は、親鸞が「往生」をどう理解していたかを知るうえで極めて重要です。私も、『一念多念文意』の文章を正確に理解せずに、「正定聚に定まることを往生することと聖人は理解されたのだ」と受け止めて、親鸞においては「往生」が命終後の往生と現生で正定聚に住することという二つの意味で用いられるものと理解してきました。しかしそれが間違いであることは、櫻部博士と金子師の指摘が示すとおりです。

櫻部博士の言葉を目にして、改めて『一念多念文意』の文章を検討し直してみてようやくそれが誤解であることに気づき、目から鱗が落ちたような思いをしました。その思いをお伝えしたいと思います。そのために私がその誤解に気づくにいたった過程を、博士が取り上げられた文章の文脈に沿って説明しようと思います。

その前に「正定聚」という言葉を簡単に説明しておきます。正定聚と不退転という語は、経典や論書においては異なる証得の段階を意味する語として用いられていましたが、親鸞はそれらを区別せずに用いますから、ここでは親鸞の用法に従います。『無量寿経』ではそれらは浄土に往生して得られる、仏の悟りに間違いなくいたる位を意味する語として用いられます。親鸞はその位を、浄土に往生してからではなく、現生において得られる位、往生が保証される位として受け止めます。真実の信心が得られるとき、如来のお力で現生において正定聚の位に導かれて臨終往生が確定する。そのことが曇鸞の『浄土論註』（以下、『論註』）に示唆されていることを知ったのが親鸞の大きな慶びでした。その慶びがもたらされる信心の因果関係を明らかにすること、それが親鸞の往生論の一番の特徴です。そして先に引用した『一念多念文意』の文章は、その正定聚の位と往生との関係を述べたものです。

ではその文章に戻り、文脈に沿って検討してみましょう。私たちはその文章が、第十八願の成就文の「即得往生」の「即」を、すなわち、ときをへず、日をもへだてぬことと、そのくらいにさだまりつくことを意味する、と述べていることに注意しなければなりません。それらは「往生」ではなく、「正定聚のくらいにつきさだまる」ことに懸かる語であり、それを説明する語です。それはこの文の少し後に「即時入必定」を説明する文において、「他力信楽のひとは、このよのうちにて、不退のくらいにのぼりて」と述べる文中においても、「即時」や「このよ」という「現生」であることを示す語は、正定聚・不退転が得られる時を示すものとして用いられ、往生を得る時を示す語としては用いられていないこととも共通します。それゆえ「即得」されるのは往生ではなく、「正定聚」であることは明らかです。それゆえ親鸞がここで述べようとしているのは、真実の信心をうれば、無碍光仏《むげこうぶつ》（阿弥陀仏）に摂取され、すなわち、とき・日をもへだてず、正定聚のくらいにつきさだまる、という事柄であり、往生が得られることでないのは明らかです。

次に、「得」はうべきことをえたりを意味すると注解されていることに注意すべきです。親鸞は「正定聚のくらいにつきさだまる」ということが、臨終時にうべき浄土への往生が今この身に「約束されたものとして得られた」ことを意味するもの、と注解しているのです。さらに「即得往生」が現世で直ちに往生を得ることを意味していないことは、この「正定聚」に親鸞が「わうじやう（往生）すべきみ（身）とさだまるなり」と左訓による注記を施していることによって、もはや疑う余地はないものと考えられます。もし曽我師や星野師の理解したように、正定聚に定まることが已に往生していること（現世に往生すること）を意味するなら、その左訓は「已に現世に往生している者が命終の時に更に往生すべき身と定まる」ことを意味し、二度往生をするという奇妙なことを述べるものとなるからです。

この左訓は、親鸞が往生を現生でのことと考えていない事実を明確に示しています。しかし「現世往生説」を提唱する本願寺派の信楽峻麿師は、「現世今生においてすでに浄土に居し、往生をえておればこそ、来世死後においても、たしかに彼土往生をとげることができる」と、およそ教学の専門家の言とは思えない不思議なことを言われます[7]。曽我師や星野師の宗教哲学的解釈による「現世往生説」も、この信楽師と同じ過ちを犯すことになってしまいます。

さらに親鸞は、この文章の少し後に『論註』の語を読み替えることによって、現生に正定聚を得ることが可能であることを論証しようとしています。その読み替えは、正統な漢文の読み方からすれば、牽強《けんきょう》付会《ふかい》と言わざるを得ないような無理な読み方です。正定聚は『無量寿経』では命終往生して浄土において得られるものとされています。親鸞は『論註』を読み替えることによって、往生して浄土で得られる正定聚の位を現生に得られることへと移行させようとしたのです。その読み替えは強引ですが、実は正定聚という概念はそれまでに次第に解釈が展開してきており、親鸞は正定聚の位を現生に移行させても大丈夫だという確信を持っていたと考えられます。(8)また、そうすることが命終時に念仏往生が実現される唯一の方法だと考えて読み替えを敢行したものと考えられます。

親鸞は『論註』を牽強付会と思えるような読み替えをしてまで、経典では往生して得られるとされる正定聚を現生に移行させようとしました。にもかかわらず、もし現世往生を主張する人々の言うように、前記の『一念多念文意』の語が「正定聚に定まるのがそのまま往生である」ことを述べるものだとすれば、親鸞がそのように読み替えた努力が無意味なこととなります。『論註』を読み替えることによって現生において正定聚が得られることを論証しようとしたことからも、親鸞が正定聚に定まることが直ちに往生を得ることを意味すると考えていないことは明らかです。

江戸時代の学僧である香月院《こうがついん》深励《じんれい》は、親鸞がそのように読み替えたことは、「今家一流御相伝の窺い様」として『口伝鈔』や『改邪鈔』をはじめ、蓮如にいたるまで諸師の書に相伝されていると言っています。[9] 香月院によれば、親鸞がこのように「現生において正定聚に住する」とする解釈を確立するために、『論註』の浄土において正定聚は得られると述べる語を、現生において得られることとして読み替えたとする言い伝えは、たとえば存覚の『浄土真要鈔』[10]にも、

> 文の顕説は浄土にうまれてのち正定聚に住する義をとくににたりといえども、そこには願生の信を生ずるとき不退にかなうことをあらはすなり。

と語られて伝えられています。つまり存覚は、『論註』は文面上は、正定聚に浄土で得られると説くが、真実の信心が得られれば現生で得られるとするのがその真意だと理解して親鸞は読み替えをしたとする伝承を語り伝えているのです。[11]

香月院は、親鸞が「現生不退」を確信したのは、『論註』冒頭に「謹んで龍樹菩薩の十住毘婆沙を案ずるに」と表明して龍樹の『十住毘婆沙論』（以下、『毘婆沙論』）の所説の究明を旨とする意を明示していることからして、曇鸞が「現生不退」を説く『毘婆沙論』に

逆らって「浄土不退」を述べるはずがないと考えたからだ、と言います。[12]『論註』を『毘婆沙論』の所説を忠実に継承するものと親鸞が考えることから想起されるのは、『毘婆沙論』に説かれる次のような文章です。

> 或は寿命無量なる有り。或は見る者あれば、即ち必定を得る。名を聞く者も亦た必定を得る。女人にして見る者は、即ち男子の身と成り、若し名を聞く者も亦た女身を転ず。或は名を聞くこと有れば、即ち往生を得る。[13]

ここには、見仏によって即座に必定を得ることが述べられて「現生不退」が説かれ、それとともに、聞名によって即座に往生を得ることが述べられて「現生往生」が説かれています。つまり『毘婆沙論』には「現生往生」と「現生不退」の両方が説かれているのです。

ここで注意しなければならないのは、龍樹は中観学派の始祖であり、般若経の信奉者であり、その立場から『毘婆沙論』は書かれているということです。般若経の教えにもとづいて書かれた『毘婆沙論』では、菩薩行を行じて初地の段階にいたって見仏したり聞名すれば、現身に正定聚・不退転に達するとされますから、それこそ現生で往生し、正定聚の位にいたることができます。[14]曇鸞はそれを当然理解しているはずです。先ほどから取り上げている、親鸞が読み替えた『論註』の文章とは次のようなものです。

経に言わく。若し人、但だ彼の国土の清浄安楽なるを聞きて、剋念して生ぜんと願ぜんものは、亦、往生を得て、即ち正定聚に入る、と。

親鸞は、曇鸞が龍樹に逆らうはずがないと考えていたと思われます。そうすると親鸞は、ここには現生で往生することと、現生で正定聚の位にいたることとの両方が述べられているものと考えたはずです。しかし親鸞は、「剋念して生ぜんと願ぜんものは、亦、往生を得て」の語を「剋念してうまれんとねがうひとと、また、すでに往生をえたるひとも」と読み替え、それによって『論註』を現生正定聚を述べる典拠にしています。つまり「剋念してうまれんとねがうひと」を「すでに往生をえたるひと」と区別することによって、その語が「往生を願う人がこの世で正定聚に入ること（現生正定聚）」を述べるものと理解し得ることを明らかにしようとしているのです。

このように親鸞は『論註』の語を「現生正定聚」を示す典拠としてのみ用いています。このことからしても親鸞の意図が「現生正定聚」を明らかにすることにあったことが知られます。「現生往生」を明らかにしようなどという意図が親鸞の念頭にまったくないことは極めて明瞭です。

それに、親鸞が「現生正定聚（不退転）」を証明するために『論註』の語を読み替えたという相伝は蓮如にいたるまで伝えられていますが、「現生往生」に関する相伝はどこにも認められません。それも親鸞に「現生往生」ということを証明しようという考えのなかったことを示しています。もし親鸞が「現生往生」を主張しようと考えていたとすれば、「現生往生」も「現生正定聚（不退転）」と同様、浄土教本来の往生行を述べる三輩往生段の所説と齟齬をきたすものですから、それを主張しようとすれば、その根拠を明示しなければならない事柄です。「現生正定聚」を明らかにしようとして読み替えを試みたのと同様に、「現生往生」を証明しようとした試みもどこかに見られ、またそう試みたとする伝承が伝えられたはずです。しかし、そういう言い伝えはどこにも残っていません。それも親鸞が、「現生往生（現世往生）」を認めていなかったことを示す証拠となります。

さらに言えば、正定聚は『無量寿経』には往生して得られることであると説かれているのですから、もし往生が現生で得られることが証明できれば、正定聚は自ずから現生で得られることが証明されます。先に見たように、『毘婆沙論』と『論註』では往生と正定聚とは現生で得られると説かれています。しかし親鸞はその説をとりませんでした。なぜなら親鸞には、現生での往生を説く般若経典とは異なり、往生は臨終時・命終時に得られると説く『無量寿経』の臨終往生の教説が確固たるものとして存在していたからです。

（5）櫻部建『浄土と往生』（平楽寺書店、二〇〇三年）七二頁。
（6）『金子大榮著作集』第七巻（春秋社、一九八一年。一九二九年講述）二七〇～二七一頁。
（7）信楽峻麿「親鸞における現世往生の思想」（『龍谷大学論集』第四三〇号、一九八七年）二六～五四頁。
（8）拙著『真宗の往生論』第二章第九節1「親鸞が不退転を現生に移し替えた動機」の項参照。
（9）香月院深励『浄土論註講義』（法藏館、一九八一年）八〇頁参照。
（10）『真宗聖教全書　三』（大八木興文堂、二〇一〇年）一三五頁。
（11）香月院前掲註（9）書八〇頁参照。
（12）香月院前掲註（9）書八一頁参照。
（13）大正二六、三二下五―八。
（14）前掲註（8）拙著第一章第八節4「『十住毘婆沙論』に見える正定聚と不退転」の項参照。

四　往生思想成立への思想史の展開

先に見たように、親鸞は『毘婆沙論』に説かれる般若経典にもとづく「現生往生」の教説の存在を知っており、その教説に依拠すれば無理な読み替えをしてまで「現生正定聚」を証明する必要はなかったのです。しかし親鸞は『毘婆沙論』に説かれる「現生往生」の教説はとらずに、『無量寿経』の臨終往生の教説にもとづいて「現生正定聚」を証明しようとしました。このことから私たちは、親鸞には般若経典に説かれる往生思想と浄土経典に説かれる往生思想との違いが見えていたと推測せざるを得ません。その違いを見抜くことができなかったことが、近代教学の人々に「現世往生説」という誤解を抱かせた大きな原因になったことと思います。そのことはのちに述べます。

私は『真宗の往生論』で、曇鸞の往生理解は般若経の思想にもとづくものであり、その思想にもとづいて世親の『浄土論』の往生を「無生の生」とした曇鸞の注釈は誤りであると批判しました。それに対して、「「無生の生」は般若思想であるといわれるが、曇鸞は四論宗の人であったし、歴史の歩みのなかで般若思想が浄土思想に流入してきて悪いということはないだろう[15]」という反論が寄せられました。先に見たように、親鸞の「即得往生」という語の考察の仕方を目の当たりにし、「現生正定聚」の論証をするに際して般若経典と浄土経典の思想を混同しないように配慮がなされていることを知ると、「般若思想が浄土思想に流入してきて悪いということはないだろう」などという粗雑な考え方では、とても親鸞の思想は理解できません。

『教行信証』を読み、あるいはそれに対する江戸教学の講師の註釈を読むときにいつも思うのは、親鸞がいかに多くの経典や論書を読むことによって該博で精確な知識を身につけていたかということです。それが自ずからにして般若思想と浄土思想とを区別させているように思われます。その知識の該博さ精確さに想いを致せば、いま私たちにできるのは、多少は読みづらく煩わしく思えても、せめては江戸教学の講師たちの講義録を参照する努力をし、近代仏教学の成果を活用することによって、知識の不足を補うことでしょう。二十代後半の山辺習学・赤沼智善両師が著された『教行信証講義[16]』が、未だに他の追随を許さない書として重用されるのは、お二人が江戸教学の講義録に習熟し、南条文雄師の将来された仏典研究の方法を駆使してなされた講義だからです。

1　仏教における二大思想の潮流

親鸞の説く往生を臨終時に認めない近代教学の根底には、インド仏教史のなかで「往生」という概念がなぜ必要とされたかという問題を、思想史的に検討してみようという視点が欠如していることが考えられます。そこで今、往生思想を源流にまでさかのぼって、その出現の由来を考察してみたいと思います。

往生思想の起源に関しては舟橋一哉博士に優れた論考があります[17]。そしておそらくその論考を参考にして、上田義文博士が往生思想の出現にいたる思想の展開の跡を、苦悩が完全に滅した境地である涅槃・彼岸の世界を現世において得ることを目指す思想と、それを死後に来世において得ることを目指す思想という二つの思想の流れとして、簡潔に説明した論文を発表しておられます[18]。上田博士の論文が思想の流れを把握するには要を得ているので、まずそれによって往生思想出現への経緯を概観しておきましょう。

博士は「彼岸」の追求が往生思想を生み出す基礎になると考えて、彼岸への到達を成し得たのは誰か、それを達成するためにいかなる方法が試みられたかを、原始仏教から浄土教にいたるまでを対象領域として考察しておられます。博士がその考察を着想されたのは、その達成の如何と方法の異なりとが、異なる思想の流れを生み出す元になっていると考えられてのことと思われます。博士は彼岸を次のように説明しておられます。

仏教における「彼岸」は、そこにおいてはもはや再死と再生とのない〔つまり輪廻転生することのない、〕常住の国という意味で amata（不死 Skt. amṛta）と言われている。これは生死のこの世界を超えた彼岸 the opposite shore として、われわれの生死の国にいるものの到達すべき目的地であると思われる。[19]（正字は新字に改めました。以下同様）

また博士は、彼岸のサンスクリット原語の意味を次のように説明しておられます。

漢訳の「彼岸」が「来世」の意味ではなくて「来世」をも超えた涅槃を意味しているように、pāra「彼岸」は「此の世」「此の世界」に対してのみならず、此の世を超えた「他界」「来世」をも超えた彼の岸 the opposite shore である。[20]

そして博士は、このような「他界」や「来世」を超える「彼岸」の国を発見したところに釈尊の独創性を認め、釈尊はその彼岸を現世に見出した、と言われます。釈尊が彼岸を現世に見出したその修道体験が、釈尊を師と仰ぐ仏教教団の主流の修道論となったことは言うまでもありません。しかし現世で彼岸を見出し得る者は仏弟子としての最高の悟りに達した阿羅漢たちに限られ、多くの弟子たちは現世で彼岸に到達することはできませんでした。そこで阿羅漢に達することができない沙門たちのために、死後に来世で天界に生まれ変わって彼岸への道を歩む修道法が考え出された、と言われます。

以上の上田博士の説明から、原始仏教には、沙門が彼岸を求めて修道するについて、阿羅漢となって現世で彼岸に到達する道と、阿羅漢になれず死後に天界に生まれ変わって彼岸を求めてさらに進む道との、二種の道が存在していたことが知られます。

博士によればこの二種の道は大乗仏教においても継承されたと考えられます。博士は、阿羅漢と同様に、大乗仏教において現世に彼岸を見出すことを求めた思想家の代表者に龍樹を挙げておられます。龍樹の『中論』に「生死には涅槃とのいかなる区別もない云々」と述べる語を引用して次のように言われます。

このような、生死そのものが全く涅槃と無差別であるという思想が、大乗仏教の本流であることについては多くの言葉を費やす必要はないと思われる。そしてこの思想が、釈迦の「現世」に「彼岸」を見出した思想をうけて、それをいっそうはっきりさせたものであることも多言の必要はないであろう。[21]

ところで大乗仏教では、主として釈迦一仏を説く原始仏教と違い、最古層の経典に属するとされる『般若経』にすでに十方諸仏の存在が説かれ、「諸仏の国土」という思想が出現します。そこには、菩薩は修行のために六波羅蜜多を行ずることによって此土（この世界）と彼土（浄土）を往来する者となり、一仏国から他の仏国に行き来する者として描かれます。その諸仏の国土として説かれる「仏国土」について博士は次のように言われます。

すなわち「此土」も「彼土」もこの菩薩にとっては仏国土であり、どこの世界の有情も彼にとっては利益されるべき対象であり、これら衆生を利益することはすなわち仏国土を清めることにほかならない。菩薩にとっては生死界は即ち仏国土（浄土）である。[22]

『般若経』に説かれる他方世界である仏国土は、仏の国ではあるが、涅槃界そのものではなく、涅槃にいたる道程にほかならないとされます。しかし菩薩は、「生死即涅槃」と観ずることによって、生死の穢土を厭わずそれを浄化することによって、涅槃界・彼岸・浄土へと転ずるのが菩薩行であると説かれます。『般若経』を所依の経とする龍樹は、涅槃にいたる道程に過ぎないその仏国土を空観によって浄土として観じ、それによって此土が涅槃の世界すなわち浄土へと転ずることができると考えます。これは原始仏教における阿羅漢となって彼岸を現世に見出す修道法の流れをくむ仏教の本流の思想です。

他方、このような大乗の菩薩行の本流とは異なる思想が浄土教として出現します。生死即涅槃を観じて穢土を厭わず、利他行を実践して穢土を浄土へと転じ、此土を彼岸へと転ずる、このような大乗の本流である『般若経』に説かれる思想は、大多数の人間にとって実行不可能な難行道です。上田博士はそこに、そのような困難な「菩薩行をすすめる立場から有情を救済する立場へと進んだ」浄土経典が出現した意義があるとして、次のように述べておられます。

一仏国から一仏国へ生まれて菩薩行を積んで行くというよりも、仏の国土に生まれて仏の力によって彼岸に達しようとする思想が強くなってきた。このような思想では現世に死ぬことが重大な意味をもってくる。(23)

上田博士のこの指摘は、浄土経典の説く往生を理解するうえで大変重要です。博士は、浄土経典の説く往生思想にとっては「現世に死ぬことが重要な意味をもってくる」ことを指摘しておられます。つまり般若経典の説く往生思想は、生死即涅槃を観じて穢土を厭わず利他行を実践して、穢土を浄土へと転じ、此土を彼岸へと転ずる能力のある優れた菩薩のための思想です。そのような菩薩は自己の力によって彼岸（涅槃）を現世に見ることができます。他方、浄土経典の説く往生思想は、自己の力で彼岸（涅槃）を現世に見ることができない者のための思想です。それゆえ浄土教の思想においては、現世に死に来世に彼岸を見るための菩薩行を行じて浄土で彼岸を見ることが期せられます。来世に浄土で彼岸を見ることが期せられるのは、阿弥陀如来の本願力によってそれが達成されるからです。能力の劣った儜弱怯劣《にょうにゃくこれつ》な衆生は、かれが現にいま居るこの国土を浄土と見ることはできません。そのような衆生にとって、

> 地上の国は仏国土ではない。仏国土に生まれるためには此の国土を去らねばならない。仏の力に救われるということは仏の国に生まれることによって成立する。かくて仏国土は必然に来世となる。[24]

と上田博士は言われます。このような来世に重きを置く思想から臨終来迎の往生を頼む思想が生まれました。

以上、上田博士の論文によってわれわれは、原始仏教のなかに彼岸を現世に見る本流の思想と、彼岸を来世に見る傍流の思想があり、それは大乗仏教においても継承され、前者

は般若経典の空を観ずる菩薩行の思想となり、後者は浄土経典の本願力による往生の思想となった、という思想史の流れを概観しました。

次にわれわれは、この上田博士の論考の根拠となったと想定される舟橋一哉博士とそれを展開された藤田宏達博士の論文によって、往生思想がどのようにして出現したかを考察することにします。

2　往生思想の源流

舟橋博士には「原始仏教における出家道と在家道」と題する論文があり、それには「往生思想の起源に関して」という副題が付けられています。これは四沙門果《ししゃもんか》（仏弟子の四段階の悟り）の思想のなかに往生思想の起源を求めた論考です。そして幸いなことにわれわれは、この論文にもとづいて更に詳細な考察が加えられた論文を参考にすることができます。それは藤田宏達博士の「往生思想とその源流」と題する論文です。(25)以下に両博士の論文によって往生思想の源流を考察してみましょう。

舟橋博士は、原始仏教における生天思想《しょうてんしそう》（死後天界に生まれ変わるという思想）のなかに、現世において最後の涅槃（阿羅漢果）に到達出来なかった出家者が、さらに生まれ変わって仏道修行を続けるために来世を期する生天思想があり、それが往生思想の源流になった、という興味深い指摘をしておられます㉖。つまり、聖者としての最初の段階である預流《よる》の位に達した行者が阿羅漢の位にいたらずに死んだ場合に、生前の修行が無駄になってしまうのではないかという懸念を回避するために修道論のなかに輪廻思想が導入され、天界で第二や第三の位である一来《いちらい》や不還《ふげん》として生まれ変わって、さらに解脱を目指して修行を続けるという出家者の生天思想が誕生した、とするのが博士のお考えです。

四沙門果の教説と結合された生天思想は、在家者の楽を求める生天思想とは異なり、阿羅漢の解脱を求める出世間道としての天界における修行を求める生天思想であり、それが往生思想の起源であるとする舟橋説を評価して、藤田博士は、その生天思想と結合した沙門果思想と極楽浄土往生思想との根本的な共通点を次のように述べておられます。

これ〔生天思想と結合された四沙門果思想〕は生天思想を含む点において、形態的に極楽浄土往生思想と類似するばかりでなく、さらにさとりを目的とするという点において、思想的にも共通するところをもっている。とくに、第三果の不還は死後天界に化生して、そこで般涅槃を得るものとせられるが、それはあたかも死後極楽浄土に化生して、そこで般涅槃を得るという思想と構造を同じくしたものといってよい。

あるいは、第一果の預流が「退堕することがない者」というのは、極楽浄土に生まれるものが、地獄・餓鬼・畜生等の悪趣に堕ちることがないといわれるのと同じであり、「決定して正覚に向かっている者」というのは、極楽浄土に生まれる者がすべて「正しい位〔＝さとり〕に決定している者たち」(niyatāḥ samyaktve) であるといわれているのと同じといってよい(27)。

藤田博士の文章を二段落に分けたのは私の意図によるものです。というのは、前段は、死後に天界に生まれ変わりそこでさとりを目指すという思想の構造が往生思想と一致するという点で、沙門果思想を往生思想の先行思想と考え得る根拠となることを述べるものと考えられ、後段は、退堕することがない者・決定して正覚に向かっている者が不退転・正定聚に相当し、思想の内容が往生思想と一致するという点で、沙門果思想を往生思想の先行思想と考え得る根拠となることを述べるものと考えられるからです。

藤田博士は、四沙門果説は、四果の名称や説明文に相互の関連性を欠くなどの点で杜撰な説という批判を免れ得ない説であるにかかわらず、原始仏教において重要視され、部派仏教では修道体系の基本的階位とされた理由について、

恐らくこの説が、究極の証果を未来の生において実現しうることをともかくも組織的

に表明したことによるものと思われる。(28)

と述べておられます。先ほどから述べてきたように、原始仏教の本流の思想は「現世における涅槃の証得」を求めるものです。しかし現世において阿羅漢にいたり涅槃を証得し得る仏弟子の数は限られており、大多数は現世では阿羅漢に到達し得なかったでしょう。それではかれらの解脱への修行は無に帰すると考えられたのでしょうか。決して、そうではありません。藤田博士はかれらの証果《しょうか》について次のように考察しておられます。

現世においてたとえ阿羅漢果に達することができなくても、修行の効果は決して失われない。仏道修行は生をかえてつづけられるのであり、究極の証果が未来の生において約束されるのである。(29)

原始仏教において、四沙門果説の「生天しての解脱への修道」という思想は、原始経典において異常なまでに重視されていることから、現世での涅槃（現法涅槃）のかなわない大多数の仏弟子の強い願望に応えて出現したと考えられます。大乗仏教においても、浄土経典の「往生しての解脱への修道」という思想が、般若経に説かれる「現世での彼岸の証得」のかなわない大多数の仏弟子の強い願望に応えて出現したと考えられます。ただ極楽浄土往生の思想においては、「未来の生はもっぱら仏の世界であり、四沙門果説で示されるような生天輪廻の思想は完全に捨てられた」と藤田博士は述べておられます。(30) それゆえ、往生すればもはや輪廻転生することはなくなります。

また、阿弥陀仏の教えを受けて解脱涅槃を証得するには、まず阿弥陀仏にまみえなければなりませんが、阿弥陀仏にまみえる方法にも大別して二種あることが藤田博士によって明らかにされています。(31) それによれば、一つは般若経典の一つである『般舟三昧経《はんじゅざんまい》』に説かれるような、般舟三昧（現在諸仏が面前に現れる三昧）によって現世において阿弥陀仏を見るという方法です。もう一つは『無量寿経』の三輩往生段に説かれるような、臨終来迎において阿弥陀仏を見るという方法です。前者が曇鸞の『論註』に説かれる方法です。かれの「無生の生」とする往生解釈は般若経典にもとづくものです。親鸞がそれを避けて後者の方法を選んだことは前節で述べたとおりです。

以上のように思想史を追ってみるとき、原始仏教以来、現世での涅槃の証得を求める主流の思潮と、現世では証得が不可能なので来世にそれを期待する傍流の思潮との存在が明らかになります。浄土往生の思想が後者に属するものであることは言うまでもありません。さらに、阿弥陀仏にまみえて教えを受け涅槃を証得するという思想にも、それを現世にお

料金受取人払郵便

京都中央局
承認

1126

差出有効期間
2020年12月
31日まで

（切手をはらずに
お出し下さい）

郵便はがき

6008790

110

京都市下京区
正面通烏丸東入

法藏館 営業部 行

愛読者カード

本書をお買い上げいただきまして、まことにありがとうございました。
このハガキを、小社へのご意見またはご注文にご利用下さい。

お買上 **書名**

＊本書に関するご感想、ご意見をお聞かせ下さい。

＊出版してほしいテーマ・執筆者名をお聞かせ下さい。

お買上
書店名 区市町 **書店**

◆新刊情報はホームページで http://www.hozokan.co.jp
◆ご注文、ご意見については info@hozokan.co.jp

19. 5. 50000

ご氏名《ふりがな》	年齢　　歳	男・女
〒□□□-□□□□ ご住所	電話	
ご職業(ご宗派)	所属学会等	
ご購読の新聞・雑誌名（ＰＲ誌を含む）		

ご希望の方に「法蔵館・図書目録」をお送りいたします。
送付をご希望の方は右の□の中に✓をご記入下さい。　□

注文書

月　日

書　名	定　価	部　数
	円	部
	円	部
	円	部
	円	部
	円	部

配本は、○印を付けた方法にして下さい。

イ. **下記書店へ配本して下さい。**
（直接書店にお渡し下さい）

（書店・取次帖合印）

書店様へ＝書店帖合印を捺印の上ご投函下さい。

ロ. **直接送本して下さい。**
代金（書籍代＋送料・手数料）は、お届けの際に現金と引換えにお支払下さい。送料・手数料は、書籍代 計15,000円未満774円、15,000円以上無料です（いずれも税込）。

＊お急ぎのご注文には電話、ＦＡＸもご利用ください。
電話 075-343-0458
FAX 075-371-0458

（個人情報は『個人情報保護法』に基づいてお取扱い致します。）

いて実現されるとする般若経典の思想と、来世において実現されるとする『無量寿経』の思想のあることとが明らかになりました。『無量寿経』を真実の教と呼び自己の究極のよりどころとする親鸞の往生思想についても、このような思想史の流れを念頭に置いて考察しなければなりません。

先述の『無量寿経』第十八願の成就文に説かれる「即得往生」を「現世往生」を説くものとする解釈は、曇鸞の『論註』に説かれる般若経典にもとづく解釈です。親鸞はそのように間違って解釈されないようにと願って、『一念多念文意』に「即得往生と経文にいわれているのは、直ちに往生が得られるという意味ではなく、正定聚に定まるという意味なのだ」という注意書きをしたのです。親鸞の配慮を理解せずに、曽我師や星野師のように「真実の信心が得られれば直ちに往生は得られる」と理解したり、「正定聚に定まることが往生が得られることだ」と理解して「往生は心にあり」と言ったりするのは、まずは文献を正しく読むことを心がけない不注意による過失です。さらには本節で述べたような浄土経典が出現するにいたった思想史の展開を考慮しないことによる過失です。このような基本的な検討を経てこそ、宗教哲学的な解釈も意味のあるものとなります。

(15)　前掲註(1)「朋友」一八頁。

(16) 山辺習学・赤沼智善『教行信証講義』（法藏館、一九八四年）。
(17) 舟橋一哉「原始仏教における出家道と在家道——往生思想の起源に関して——」（『印度学仏教学研究』第三巻第一号、一九五四年）三四～四三頁。
(18) 上田義文「仏教における「彼岸」と「来世」」（上田義文他編『文学における彼岸表象の研究』中央公論社、一九五九年）三九七～四一四頁。
(19) 上田前掲註(18)論文三九九～四〇〇頁。
(20) 上田前掲註(18)論文四〇二頁。
(21) 上田前掲註(18)論文四〇七頁。
(22) 上田前掲註(18)論文四〇九頁。
(23) 上田前掲註(18)論文四一一頁。
(24) 上田前掲註(18)論文四一二頁。
(25) 藤田宏達『原始浄土思想の研究』（岩波書店、一九七〇年）第六章第一節「往生思想とその源流」参照。
(26) 舟橋前掲註(17)論文三九頁。
(27) 藤田前掲註(25)書五三三頁。
(28) 藤田前掲註(25)書五三四頁。
(29) 藤田前掲註(25)書五三四頁。
(30) 藤田前掲註(25)書五三五頁。
(31) 藤田宏達『浄土三部経の研究』（岩波書店、二〇〇七年）第二章第三節「往生と見仏」参照。

五　宗教哲学的解釈としての現世往生説

1　星野師の現世往生説

先に述べたように、前掲の「朋友」に、星野師が「獲信のその時、脚下のそこに浄土はすでにきている」と言われたことと、曽我師が「南無阿弥陀仏を信ずる時に未来の浄土は既に現在している」と言われたことが、旧来の伝統的理解とはまったく異なった宗教哲学的解釈として紹介されています。しかしそれは『大無量寿経』に「法蔵菩薩はいま已に成仏し、現に西方にまします」とありますので、浄土の現に存在していることは経にすでに説かれていることですから、何も新たに展開した思想を示すものではありません。しかも、浄土が現に存在しているからといって、私たちがそこに已に往生しているとは言えないことも前述のとおりです。曽我師は「往生は現在《ママ》（心？）にあり、故に現在に往生す[32]」と言われたとのことですが、『大無量寿経』も親鸞もそのようなことは一切言っていません。『大無量寿経』や親鸞が言わなかったことを、両師は宗教哲学的に解釈して「旧来の伝統的理解とはまったく異なった往生」として提唱し、「朋友」はそれを従来の「往生」理解から一歩進めようとした理解として称賛するのが論文の主旨かと思われます。しかしそれは、『大無量寿経』や親鸞の言う「往生」という概念にあてはまりませんから、ほかの言葉を用いるべきです。

親鸞は、星野師が「獲信のその時、脚下のそこに浄土はすでにきている」と言い、曽我師が「南無阿弥陀仏を信ずる時に未来の浄土は既に現在している」と言われたことを、「正定聚に住する」という、「往生」とは別の言葉で表現しています。そしてその正定聚という語に「往生すべき身とさだまるなり」という注記までしています。このように「往生」ということを現在の自己のあり様と厳しく区別したのは、親鸞にとって、往生することは、すなわち、この上なき正しい覚りを証ること（成仏）を意味するからです。親鸞は往生すれば直ちに成仏すると考えていたことを住田智見師は、『教行信証』の、

往生と言うは、大経には皆受自然虚無之身無極之体と言えり。(33)

という語を典拠にして、

凡夫往生すれば、直ちに法性常楽を得る。「極楽無為涅槃界」たる浄土なる故に、果門を以て取らば常に仏なり。[34]

と述べておられます。[35]それゆえ「朋友」に引用される曽我師の「往生とは、要するに生死を出づることであろう。生死を出づるということと、成仏するということとは、直ぐ一つだというわけにはゆかぬ」という語も、同師の「旧来の伝統的理解とはまったく異なった」往生理解を示すもので、親鸞の往生即成仏の理解とはまったく異なります。親鸞にとっての大きな慶びは、地獄一定としか言いようのない罪悪深重なる身が、信心によって現生では正定聚に住させていただき、「やがては往生することのできる身とさせていただける」ということです。そういう親鸞の心のなかに、「往生は現在《ママ》（心？）にあり、故に現在に往生す」という思いが存在したとはとうてい考えられません。

山辺・赤沼両師は現生で正定聚・不退転の位につくことができることを知った親鸞の慶びを、「真実の信心を得て不退転の位に就けば、この生涯を尽くせば、もはや五趣八難の苦の境涯に生まれ変わることのない浄土に往生することが確定した正定聚の位に就く。聖人にとって輪廻転生の苦から解放されるという法悦の情は何物にも代え難い喜びである[36]」というように説明しておられます。

親鸞の歓喜の情は、輪廻転生の苦ということが実感できない現代人には想像し難いものです。しかし、輪廻転生の苦からの解脱ということこそ仏教の目指すものです。浄土教徒である親鸞はその目的を、現生においてではなく臨終往生による浄土において達成しようとしました。それは、先述の浄土教出現への思想の流れを思い出していただければ極めて明らかです。その思想の流れが念頭にないものですから、浄土往生を輪廻転生の境涯からの解脱と考えずに、この境涯での自己の「心の境地」として無理に宗教哲学的に理解しようとするのです。それは確かに「旧来の伝統的理解とはまったく異なった往生理解」ではありますが、親鸞の往生理解ともまったく異なっています。

星野師と曽我師とが往生を現世において得られることと誤解された背景には、浄土教出現にいたる思想史への認識不足があると思われます。

前節で、大乗仏教には般若思想と浄土思想という二つの大きな思潮があることを述べました。思想を理解するには、その思想が思想史上にどのようにして出現したかを、正しく知ることが求められます。先に述べたように、般若経典は空の道理を観ずることによって現世で彼岸（浄土）に達する方法を教えます。他方、浄土経典は、現世ではそれが実現できない者のために、死後に浄土に往生することによって成仏することを教えるものとして出現したと考えられます。それが近代仏教学による経典研究によってもたらされた成果です。それゆえ、彼岸（浄土）への到達（往生）を現世とするか臨終の時とするかという点に関しては、これら二つの経典は相容れない考え方に立っています。両師には、般若経典と浄土経典との間に存在するこの相容れない考え方に対する認識がまったく欠如していると考えられます。なぜそう考えられるのか。以下にそれを示唆する両師の言説を見てゆきたいと思います。

星野師は自著において、浄土について次のように述べておられます。

> 浄土は生即無生の理より生じたものである。従って浄土へ往生するというのはこの理に達せしめるということである。かくして生即無生の原理が浄土往生の原理である。この原理の根柢には絶対空（無）があることはすでに明らかにしたところであっていまさらくりかえすまでもなかろう。それなくして生即無生の原理は成立しない[37]。

ここに星野師が往生をどう理解しておられるかがよく現れています。それを以下に検討することにします。先述したように曇鸞は四論宗の人（香月院は三論宗の人と言います）で、般若経を奉じ中観論書を学んだ学僧です。したがって往生の「生」ということを「無生の生」と理解するのも中観思想による解釈の仕方です。このような「生」に対する曇鸞の中観派的な解釈は、『論註』の随所に見られます。例えば「願生偈」第一偈第四句「願生安楽国」に出る「生」について、曇鸞は、中観派の空の見地からすれば、有情は空であり実体のないものであり、生ずることのない「無生」なるものであるのに、浄土に生まれること、すなわち「往生」を願うというのは矛盾しているのではないか、という疑問を提起し、自らそれに答えています。曇鸞のその答えを香月院は次のように要略して述べています。

詮ずる所、論主の願い給う生は凡夫のおもう如き実の衆生がありて実に生ずる生ではない、因縁生なり、仮名の生なり。ゆえに大乗の経論に衆生畢竟無生と説くに相違はせぬと釈し給うなり。(38)

このように曇鸞は、世親が「往生」と呼ぶのは、実在しない衆生（仮名人《けみょうにん》）が因縁によって生まれること（仮名生《けみょうしょう》）を指すのだ、と言います。『浄土論』では浄土に往生する行として五念門が説かれますが、その五念門を行じ、その結果として浄土に往生した行者を穢土の仮名人と浄土の仮名人と呼び、両者は同一人でもなく別人でもないと言います。そしてそれが世親の説く往生行であると言います。しかしそのような解釈はまったく般若経典と中観思想による理解です。『浄土論』を説く世親は、浄土経典の往生行を唯識思想の立場から説明しようとしています。それは山口益博士、長尾雅人博士、幡谷明博士という先学によって明らかにされ定説となっています[39]。曇鸞は思想の系統の異なりを無視して注釈をするという無謀なことをしようとしているのです。

曇鸞の往生理解のよりどころは龍樹の『毘婆舎論』です。先に述べたように『毘婆舎論』においては、往生も不退転（正定聚）も現世で得られるものと考えられています。往生の生を「無生の生」とする解釈も、『毘婆舎論』に往生が現世で得られるものとして説かれていることによるものです。それによれば、現世で「生即無生」という空の道理を証得するとき、その証得の境地が浄土である、と説かれたことになります。曇鸞が穢土の仮名人と浄土の仮名人とを不一不異と説いたことも、のちに大きな問題を引き起こすこととなりました。曇鸞のこの語によって引き起こされた問題について、香月院は次のように述べています。その言葉は、星野師の往生理解や大谷派近代教学の「現世往生説」にもあてはめることのできる批判となっています。多少長くなりますが引用します。

穢土の仮名人と浄土の仮名人と一なる事を得ず、異なる事を得ずと明かしてあり。これを古来あやまり解して、他力信心の行者は正定聚の位に住して、この世から浄土の聖衆荘厳の仲間入りをして、娑婆の人かと思えば浄土の人、浄土の人かと思えば娑婆の人。（中略）まだ斯様云うまでは害にはならぬが、異解者はここで一益法門をいいたてるなり。身は娑婆にありながら、信の一念に無量光明土に往生して浄土の菩薩になりておるゆえ、穢土の仮名人と浄土の仮名人と異なることを得ず一つじゃと言う。(40)

先に引用した星野師の文章には、いま見てきたような曇鸞の中観派的往生理解にもとづく「往生とは生即無生の理に達することである」とするご自身の往生理解が示されています。この文章には注記が付されていて、それによればこの往生理解が香月院の『浄土論註講義』によるものであることがわかります。それは曇鸞が『論註』で浄土に往生すると言う場合の「生」についておこなった自問自答に関係しています。曇鸞は次のように疑問を呈しています。

問うて曰く。上に生は無生と知ると言うは、まさに是れ上品生の者なるべし。若し下下品の人の、十念に乗じて往生するは、豈に実の生を取るに非ずや。(41)

曇鸞の疑問は、「浄土は法性清浄畢竟無生の土であるから、往生すれば生即無生を証るとされる。そうであれば浄土に往生する者は、生即無生の理を知ってから往生するはずで、上品生の人でなければならない。生即無生の理を証らずに、ただ十念の念仏によって往生する下下品の者は、往生しても生に執着して輪廻の生を繰り返すことになるのではないか」というものです。星野師の「往生とは生即無生の理に達することである」とする往生理解は、曇鸞の「浄土に往生する者は、生即無生の理を知ってから往生するはずである」とする往生理解によるものと考えられます。つまり星野師は、曇鸞に従って、龍樹の般若経と中観思想にもとづく「生即無生の理に達すること」がすなわち往生であるとする「現世往生説」を述べておられるのです。

『論註』には「往生」の「生」ということがしばしば問題として取り上げられます。ある箇所では、曇鸞は、浄土においては「不生不滅」であるはずなのに、衆生が浄土に「生」を受けるとされる矛盾を取り上げ、自らそれに回答しています。その曇鸞の回答に関して香月院は、「いま鸞師三論の意によりてその義を釈成し給う。すなわちこの下は全く『中論』『十二門論』によりて書き給うなり」と言い、曇鸞の回答が中観派的な解釈であることを述べるのみで、その解釈と『無量寿経』や『浄土論』における「往生」の意味とが同じなのか異なるのかについては何も述べず放置しています。それは親鸞が『論註』に現生往生と現生不退とをともに示唆する文章を見出しながら、『無量寿経』や『浄土論』とは異質な現生往生を示唆する文章にはまったく触れずに、現生不退を示唆する文章のみを取り上げた態度とよく似ています。香月院も、往生の「生」を「生即無生」とする曇鸞の解釈を、般若経的・中観派的解釈であり、それは『無量寿経』や『浄土論』の往生思想とは異なるものとしてそのままに捨置して取り上げなかったものと考えられます。

星野師の「生即無生」の理を証得するその境地が浄土往生であると理解するような往生理解は、親鸞や香月院が手を触れずに捨置した曇鸞の般若経的・中観派的な往生解釈を、世親（天親菩薩）の『浄土論』本来の往生論であると誤解し、それを親鸞の往生理解の典拠となるものと誤解して得られた往生理解です。穢土の仮名人と浄土の仮名人とを不一不異と説いたとする曇鸞の往生理解は、香月院も注意するように、現生の凡夫と浄土の往生人との区別を消し去り、正定聚の位につくという現生での利益（現益）とその結果として得られる浄土往生・成仏という来生での利益（当益）の区別を消し去り、いわゆる「一益《いちやく》法門《ほうもん》」に結びつくことになります。

一益法門は、すべては実体のないものであり、区別のないものであり、空なるものであると観ずることのできる、菩薩行の初地の修道段階にまで達したとされる龍樹のような、般若経の行者であり中観思想の創始者でもあるような聖者が、現世で浄土に往生し得ることを説く思想です。それは『無量寿経』や『浄土論』を説く世親（初地に到達したとは伝えられていない）の思想ではありません。親鸞は曇鸞を非常に尊敬していましたが、曇鸞の一益法門的「現世往生説」はそのままにして手を触れずに捨置しています。このような配慮の深さからも、親鸞の透徹した仏教理解のほどをうかがい知ることができます。星野師の宗教哲学的解釈は、親鸞の配慮が見ぬけず、曇鸞の往生理解に引きずられて浄土教の往生思想のなかに般若教の往生思想を持ち込んで、恣意的になされた解釈と言わざるを得ません。

以上のことから、星野師が「二益」について次のように述べておられることの過ちは、もはや充分納得していただけることと思います。

浄土真宗伝統の教学においては、今生に正定聚に住し、娑婆の命終わって後に浄土へ往生して成仏するといういわゆる「二益」が主張され、「往生即成仏」ということが正統《オーソドックス》のものとして規定されている。しかし正統派の解釈は理論的に見ると、いろいろ問題を感ぜしめるところが多く、誰しもを納得せしめるほどに十分なものではない。[42]

星野師がここで「二益」を批判される主要な根拠となっているのは、覚如の『口伝鈔』に伝えられる、親鸞が往生を「不体失往生」だと述べたとされる伝承です。その伝承によって曽我師も「現世往生説」を提唱されたのですが、その伝承が誤りであることは、次に曽我師の往生理解の過失を検証する所で触れることにします。

2　曽我師の現世往生説

曽我師が「現世往生説」を提唱される重要な根拠となったものは、星野師と同様、親鸞が「不体失往生」を述べたとする伝承です。後述のように近代教学の泰斗と目される曽我師の説としてよく知られる「往生は心にあり、成仏は身にある」という往生理解は、『口伝鈔』に記される「体失往生・不体失往生」の伝承にもとづくものです(43)。師は自らの往生解釈を理解しやすくするためにその語を敷衍して、

この身は煩悩の身でありまするからして、この娑婆世界におる。娑婆世界におっても、心はちゃんと超越して、そうして心は浄土に居るのである。心が常に光りの世界に躍動している、そういう生活を往生浄土というのである(44)。

とも述べておられます。このように親鸞の説く往生を「不体失往生」と解すれば、娑婆世界で心が浄土に居している生活が往生浄土であり、それゆえ娑婆での利益がすなわち浄土での利益でもある、と理解することになります。それは先述のように香月院によって「一

益法門」として批判される往生解釈ですが、師はそう解釈しても「なにも一益法門ということではない」と言われます[45]。

星野師や曽我師は、覚如の『口伝鈔』に親鸞が「不体失往生」を述べたと伝えられる伝承を、親鸞が現世往生を説いたと解釈するよりどころとされました[46]。しかし真宗史学に詳しい藤原幸章博士は、『口伝鈔』の記録はその「根拠が明確でない」ものであり、体失往生を主張したとされる「証空の思想信仰がここには必ずしも正当に紹介せられていない[47]」ことからして、それを「不体失往生説をもって直ちに親鸞自身の往生観を問うための第一資料とすることは、必ずしも妥当でない」と述べて、「不体失往生」が親鸞の往生理解を示すものと考えることに疑問を呈しておられます[48]。同じく真宗史学を専門とされる細川行信博士も、証空の著述に「体失往生」という言葉は見出しえない、と述べておられます[49]。藤原博士は、別の論文では、覚如自身が法然の言葉として体失往生と不体失往生に相当する語を述べる次のような文章を引用しておられます[50]。これがむしろ博士の本当のお考えと思われます。すなわち、博士は体失往生については、まず覚如が体失往生に相当する事柄について述べた、

諸行往生の機は臨終を期し来迎をまちえずしては、胎生・辺地までもうまるべからず。

このゆえに穢体亡失するときならでは、その期するところなきによりて、そのむねをのぶる歟。第十九の願にみえたり。

という文を引用し、その後に不体失往生に相当する、

念仏往生には臨終の善悪を沙汰せず、至心信楽の帰命の一心他力よりさだまるとき、即得往生不退転の道理を善知識にあふて聞持する平生のきざみに治定するあいだ、この穢体亡失せずといへども事業成弁すれば体失せずして往生すといはるる歟。本願の文（第十八願を指す）あきらかなり。

という文を引用して、そのうえでご自身の見解を、

「体失往生」が、文字通り「体失して往生はとぐれ」とあるに対して、一方「不体失往生」が、特に「念仏往生の機は体失せずして往生をとぐ」と示されているからといっても、われわれは早まってこの穢身のまま現身に往生することが、すなわち「不体失往生」であると速断してはならない。

と述べておられます。これが覚如が言ったとされる「不体失往生」の正しい意味です。それは業事成弁《ごうじじょうべん》（平生業成《へいぜいごうじょう》）することを意味するのであって、往生することを意味するものではありません。

あるいはまた、覚如の『執持鈔』に示される次のような「平生業成」を述べる文章も、曽我師や星野師には現世往生を述べているものと見えたのかも知れません。

しかれば平生の一念によりて往生の得否はさだまれるものなり。平生のとき不定のおもいに住せば、かなうべからず。平生のとき善知識のことばのしたに、帰命の一念を発得せば、そのときをもって娑婆のおわり、臨終とおもうべし。[51]

しかしこの語も子細に読めば、平生の一念によって、往生の得否が「定まる」ことを述べるものであって、帰命の一念を発得する時が臨終の時であるとか、その時に往生が「得られる」などと述べるものでないことは明らかです。覚如は『最要鈔』においては、

仮令、身心の二つに命終の道理あいわかるべきか。無始よりこのかた生死に輪廻して出離を悕求しならひたる迷情の自力心、本願の道理を聞くところにて謙敬すれば、心

命尽くる時にてはあらざるや。そのとき摂取不捨の益にもあづかり、住正定聚の位にも定まれば、これを即得往生と云うべし。善悪の生処を定むることは、心命の尽くる時なり。身命の時にあらず。しかれば臨終を期すべからざる義、道理文証あきらけし。信心歓喜乃至一念のとき即得往生の義、治定の後の称名は仏恩報謝のためなり。(52)

と述べています。ここには「心命尽くる時」と「身命の時」との二つの時のことが述べられています。「心命尽くる時」とは、本願の道理を聞き、住正定聚の位に定まる時であり、即得往生の義の治定する時です。他方、「身命の時」とは臨終の時です。このように覚如は、櫻部博士が示された『一念多念文意』の読み方と同様、「住正定聚の位に定まること」が『大無量寿経』には「即得往生」と説かれたのだと理解し、即得往生をその文字どおりの意味の「往生すること」ではなく、「住正定聚の位に定まること」つまり「平生業成」を意味するものとして正しく理解しているのです。このように『執持鈔』や『最要鈔』において覚如は、「即得往生」を現世往生を説くものとはまったく理解していません。

香月院も「即得往生」について、

即得往生と云うは信の一念の時に往生を得るに定りたることなり。是を摸象記抔の了箇では、一念の時に往生を得已りたことで、からだは娑婆に在り乍ら往生を得たことじゃとする了簡なれども、当流相承の御釈には左様なる御釈はなし。信心歓喜の一念同時に往生の定まることを即得往生と云うが祖師の御定判なり。(53)

と述べて、それを「往生を得るに定まる」ことと解しています。

このように真宗史学の専門家からは、曽我師の依拠する『口伝鈔』の記録はその「根拠が明確でない」ものであり、体失往生を主張したとされる「証空の思想信仰がここには必ずしも正当に紹介せられ」ておらず、それを「不体失往生説をもって直ちに親鸞自身の往生観を問うための第一資料とすることは、必ずしも妥当でない」とされています。(54)曽我師は覚如の語と伝承される「不体失往生」を親鸞の往生理解を示すものと考えて「現世往生説」を提唱されたのですが、伝承に頼るのではなく、また文字を表面的にのみ理解せずに、覚如の思想そのものを検証する必要がありました。

藤原博士は、『口伝鈔』に親鸞が不体失往生を述べたと記される理由を『教行信証』にもとづいて考察して、「体失往生が臨終来迎往生を意味するのに対して、特に信一念の現在時に、いわゆる業事成弁して往生決定の身となりえた体験の事実を際立てるために、敢えて「不体失往生」といい表わしたものとみるべきであろう」と述べておられます。(55)そうすれば、『口伝鈔』のその語は、親鸞が『一念多念文意』で「即得往生」を、文字どおりに「往生」が即得されるのではなく、「正定聚・不退転」が即得されることを意味する語であると説明したのと同趣旨のことを述べたものと考えられます。そうであれば「不体失往生」は文字どおりに「身体を保ったままで往生する」ことを意味するのではなく、「信の一念の時に往生が決定する」ことを意味する語と理解されることは明らかです。このように「不体失往生」を、身体を保ったままでの往生ではなく、往生の定まることを意味するものと理解することの方が、

信心のひとはその心つねに浄土に居す〔末灯〕といわれ、他力の者は穢れた身のままで平生において往生がさだまるから不体失往生である。

とする『真宗新辞典』（「おうじょう」の項）の記述はより理解しやすくなります。

さらに覚如は『改邪鈔』において、親鸞が「願入弥陀海の往生の正業成ずるとき」を「能発一念喜愛心」とも「不断煩悩得涅槃」とも「入正定聚之数」とも「住不退転」とも注釈していると述べて、それが「即得往生の時分」であると言っています。つまり、経に「即得往生」と言われている「時分」とは「往生の正業成ずるとき」であり、「一念喜愛心

を発すとき」であり、「煩悩を断ぜずして涅槃を得る〔と定まる〕とき」であり、「正定聚の数に入るとき」であり、「不退転に住するとき」であると言って、「即得往生」が決して文字どおり「現生で即時に往生を得ること」を意味していないとするかれの理解を示しています[56]。それも『一念多念文意』に準じて、「即得往生」が文字どおりに「往生が即得されること」を意味するものと理解すべきでないことに注意を促すために記したものと考えられます。

またそれに続く『改邪鈔』の次のような語は、藤原博士が、覚如は「業事成弁して往生決定の身となりえた体験の事実を際立てるために、敢えて「不体失往生」といい表わした」と言われたことを裏付けるものと考えられます。

この娑婆生死の五蘊所成の肉身いまだやぶれずといえども、生死流転の本源をつなぐ自力の迷情、「共発金剛心」の一念にやぶれて、知識伝持の仏語に帰属するをこそ、「自力をすてて他力に帰する」ともなづけ、また「即得往生」とも、ならいはんべれ[57]。

ここに覚如が「即得往生」という経言をどのように親鸞から習ったかが述べられています。かれは、肉体を備えた現生の身であっても、自力の迷情が破れて真に仏の語に帰属することが、「他力に帰する」こととも呼ばれ、「即得往生」とも呼ばれる、というように習ったと言っています。このことからも、かれが親鸞から習ったことによれば、「即得往生」は、「自力の迷情が破れて真に仏語に帰すること」を意味するのであって、文字どおりに即座に往生を得ることを意味するのでないことは明らかです。藤原博士にならって言えば、このような「他力に帰する」ことや「即得往生」は、臨終来迎による自力念仏の往生を意味すると想定される「体失往生」とは異なるので、覚如はそれをあえて「不体失往生」と呼んだだけなのです。それゆえ、曽我師の言われるような肉体のなくならないままの現生での往生、つまり、「現世往生」を意味するわけではありません。

親鸞にならって「即得往生」を文字どおりに理解すべきでないと考える覚如は、「即得往生」のときを「自力の心のつくるときなれば、こころのをはりともいふべし」と言います。[58] しかしそれは「正定聚・不退転」が即得されるときを述べるものであり、その「心のおわり」は「往生」を意味するものではありません。本多弘之氏は、この「心のおわり」を「往生」を意味するものと理解しておられますが、[59] それは「即得往生」の誤解にもとづくものです。また氏は「往生は心にあり、成仏は身にあり」と述べる曽我師を近代教学の泰斗と呼んで[60]高く評価しておられますが、氏の誤解は曽我師のまちがった往生理解を無批判に継承されたことによるものと考えられます。本多氏の往生理解の誤りは拙著に詳

しく検討していますからそれをご覧ください。(61)

(32) 前掲註(1)「朋友」一九頁。
(33)『真宗聖教全書　二』(大八木興文堂、二〇〇九年) 一三三頁。
(34) 住田智見『教行信証之研究』(法藏館、一九八七年) 二三三〜二三四頁参照。
(35) 前掲註(8)拙著三二三頁参照。
(36) 山辺・赤沼前掲註(16)書三七三頁からの取意的引用。
(37) 星野元豊『浄土——存在と意義——』(法藏館、一九七五年、四刷) 三八頁。
(38) 香月院前掲註(9)書一四七頁。
(39) 前掲註(8)拙著一三四頁参照。
(40) 香月院前掲註(9)書一八四頁。
(41) 早島鏡正・大谷光真『浄土論註』(大蔵出版、二〇〇三年、新装初版) 三一九〜三二〇頁参照。
(42) 星野前掲註(2)書九一頁。
(43) 曽我量深・金子大榮『往生と成仏』(真宗大谷派岡崎教務所、一九六八年) 一九〜二〇頁。
(44)『曽我量深選集』第九巻 (彌生書房、一九七二年) 二七六頁。
(45) 曽我前掲註(44)書同頁。
(46) 前掲註(10)『真宗聖教全書　三』二二一〜二二三頁。
(47) 証空の思想を明らかにすることの困難さは、細川行信「証空の西山義と相伝(一)」(『親鸞教学』第二七号、一九七五年、二四～三七頁）によっても充分に推測される。

(48) 藤原幸章「体失往生と不体失往生」（『親鸞教学』第一六号、一九七〇年、六一～九六頁）六三～六四頁参照。本稿は講演録である。それはのちに、論文「信心の現証」（『大谷学報』第四九巻三号、一九七〇年、一～一四頁）として刊行されている。

(49) 細川行信「真宗の証果論――平生業成を中心として――」（『親鸞教学』第四五号、一九八五年）一五頁参照。

(50) 藤原前掲註(48)論文「信心の現証」四頁。以下の引文はすべて同頁から。なお藤原博士が本論の末尾に親鸞の明らかにしたことを、「往生浄土の未来的性格を尊重しつつ、しかもそれの確認があくまで信心の現在におかれる」こととしておられることは重要な指摘である。それは本書第八節「臨終往生説の意義」に引用する金子師の、「死の帰するところを浄土におくことによって、それが生の依るところとなって、浄土を憶う心があると、その心から光りがでてきて、私達に不安の只中にありながら、そこに安住の地を与えられるのであります」という言葉とともに、浄土教を理解するうえで重要な言葉である。

(51) 前掲註(10)『真宗聖教全書　三』四二～四三頁。

(52) 前掲註(10)『真宗聖教全書　三』三頁。

(53) 香月院深励『愚禿鈔講義』（護法館、一八九四年）巻二、九左。これによれば、曽我師の「往生は心にあり、成仏は身にある」という解釈は、「摸象記抔の了簡」に類するものであり、それは「祖師の御定判ではない、当流相承の御釈にない解釈」とされる。また、曽我師の理解に準じて「即得往生」を「信心が開ければ、即、往生が成り立つ」ことを述べるものと理解し、現世での往生が「浄土真宗の往生」だなどと理解したり（仲野良俊『浄土真宗――往生と不退――』真宗大谷派宗務所出版部、二〇一二年、八七～九二頁参照）、往生を信仰生活の内容とすること（本多弘之『正信偈――現代に響くうた――』第五巻、聖典学習会、二〇〇九年、二二頁）が、親鸞の往生理解に沿うものでないことは言うまでもない。香月院は『浄土論註講義』（法藏館、一九八一年）では往生を、「命終わりて浄土へ往生する」ことであると明了に述べる（巻三、一五二、一五三頁）。

(54) 細川前掲註(47)論文「証空の西山義と相伝（一）」二四～三七頁。
(55) 藤原前掲註(48)論文「体失往生と不体失往生」七五頁参照。
(56) 前掲註(10)『真宗聖教全書　三』八七～八八頁。
(57) 前掲註(10)『真宗聖教全書　三』八七～八八頁。
(58) 『本願鈔』（前掲註(10)『真宗聖教全書　三』）五五頁。
(59) 本多弘之「現生正定聚――その核心と外延――」（『親鸞教学』第三四号、一九七九年）八三頁。同『近代親鸞教学論』（草光舍、一九九五年）九六～九七頁。
(60) 本多前掲註(59)書『近代親鸞教学論』一〇一頁。
(61) 前掲註(8)拙著第二章第八節「近代教学の終焉」参照。

六　現世往生説はなぜ影響力を保持したか

ここまで述べてきたように現世往生説の過ちは明らかですし、その過ちは経典や聖教を注意して読めば避けられたはずです。真宗十派のうち、大谷派と本願寺派以外で現世往生説が信奉されているという話は聞きません。信楽師の信奉者は今もアメリカには少なからずおられるようですが、曽我師が大谷派で教学の最高権威である講師に任命されたのに対して、信楽師は、本願寺派の教学者の最高権威である勧学には任命されなかったので、国内での影響力はさほどでないと聞きます。そういうことを考えると、大谷派で現世往生説が現在にいたるまで強い影響力を及ぼしてきたのは異例のことだと言えます。なぜ影響力を保持したのでしょうか。

それには曽我師が近代教学の信奉者によって絶対視されたことが大きな原因になっていると思われます。そしてその背景には、宗派の行政に携わった人々が、大谷派が終戦後に抱え込んだ思想的・経済的な諸問題や、さらには長年にわたる大谷家との係争など、実にさまざまな問題に対処しつつ、その一方で同朋会運動という思想活動を推進していくために、教化面での強力な指導者を必要としたことが考えられます。いわば宗派は一体となって強力な教化者を求めたのです。住職の資格を得るために本山で行われた教師修練の講義などでは、教学研究所から出講した講師たちが曽我師のお名前をしばしば口にするのを聞きました。それが意図的であったか否かはともかくとして、そのようにして曽我師は、私のなかに他の批判を許さぬ偉大な教学者として定着していきました。

人々の評判からだけでなく、曽我師の著作を読むことによっても色々な刺激を受けました。心の沈む時には師の選集から適当に一冊を取り出して気の向くままに読みました。そして励まされ再び勉強に向かう気力を与えられたことがよくあります。佐藤正英博士が、曽我師の『歎異抄聴記』の言葉を、親鸞の姿をよくとらえているものとして評価しておられる文章に触れた時には、まったく同感の思いがしました。そこには曽我師が親鸞について語られた次のような言葉が引用されています。

握りこぶしをして、気張って、我情我慢を出して、喧嘩腰になってゐられるのではなく、やはり微笑をもってぽつりぽつりと静かにお話になる。聖人はゆったりと仰せになる。といって自分でどう云はう、こう云はう、下手なことを云ふと間違ふと警戒して仰せになるのではない。一座の人とうちとけて話される。口だけで、頭の中だけで話されるのでなく、全身を以て法を説いてゐられる。(62)

それは幡谷明博士が、曽我師の言葉を紹介しておられる次の文章中の曽我師の語にも通じる言葉として、私には大切な言葉だと思われます。その語は、如来が言葉になってわれわれのもとに来るものであることを教えており、仏と法とを「言葉」という視点から考えるうえで極めて示唆に富む言葉です。幡谷博士は次のように述べておられます。

それ（如来）は教えの言葉、真実の言葉として来たりたもうので、その言葉を抜きにして如来は存在しない。曽我先生が、「如来は言葉にまでなって用きたもう、言葉となって我をたすけたもう」「南無阿弥陀仏という言葉は生ける如来の法身である、本願の名号は生ける言葉の法身なり」とおっしゃってくださったことを、尊く有難くいただきます。(63)

佐藤博士や幡谷博士が高く評価しておられるように、曽我師の著作には学ぶべき示唆を含んだ言葉がたくさん述べられています。にもかかわらず、前述のように師の取り上げられた「不体失往生」という語や「往生は心にあり」という師の言葉は、「現世往生」という間違った考えを生み出しました。どのような著書にも長所と短所のあることは言うまでもありませんが、曽我師の著作は長短の差が極端であるように思います。師の短所は言葉を充分に吟味しないで用いられることです。ところがその短所である不充分な表現がかえって大向こう受けをするものですから、それが一人歩きをした結果、近代教学の泰斗に祭り上げられ、絶対化されてしまったのだと思います。

「近代教学」の御旗を掲げるために、本多氏の取り上げた「往生は心にあり、成仏は身にあり」という曽我師の語などは、まさしくその短所のみを示す言葉です。先に挙げた「朋友」に「往生」の宗教哲学的な解釈として挙げられている曽我師の「往生は現在《ママ》（心？）にあり、故に現在に往生す」などの語もそうです。このようにして、近代教学の信奉者たちによって曽我師の語は文脈から切り取られて用いられていき、宗派の行政上の要請とも関連して、人々の関心を集めて曽我教学の絶対化が推し進められたのだと思います。

先に曽我師の説を批判したのは、師の言葉が利用されて近代教学の信奉者たちによって流布され、それによって大谷派の通説とされた「現世往生説」が誤りであるということを明らかにするためです。曽我師の著作のなかに参考にすべき大切な言葉が多く見られること、そしてそれを私が高く評価していることは先に述べたとおりです。幡谷明博士から、曽我師の言葉は師の著作全体を通さないと本当のお心はわからないということを聞いたことがあります。博士の言われるとおりだと思います。しかし現在も「現世往生説」が引き起こしている先述のような弊害の大きさを考えるとき、その原因である曽我師の一人歩きしている言葉を検証し批評し、そのうえで批判しなければなりません。しかし、曽我師の著作全体を批判しようなどと考えてはいません。

仏教学の立場から曽我師を批評することは比較的容易です。しかし本当は真宗学の研究者にこそ曽我教学の批評をしていただきたいのです。近年の真宗学の研究者のなかには「現世往生説」はもはや否定済のことであるので敢えて取り上げないのだと言われる方もおられます。しかし否定するには、明確な論証がなされなければなりません。曽我師の説の過ちを論証するなどとは、とんでもないことだと言われるかも知れませんが、批評精神のないところには真の学問はあり得ません。先人の優れたお仕事はそれと対決する批評の精神なくして真に学ぶことはできません。批評し得るほどに精確に読み込むことこそ、優れた著者に対する恩返しとなります。どの学問分野でもそれが通常の研究姿勢です。少なくとも仏教学ではそうです。京都大学の梶山雄一教授は、良い研究者の条件に批評的であることを挙げられたことがあります。そして具体的に論文を書く場合を例として、まず本当に良いと思える研究書を選んで熟読すること、そのうえでその書の見解の不充分さを発見することに努め、そこから書き始めるようにと教えられました。

前掲の拙著『真宗の往生論』には「一法句《いっぽっく》」に対する山口益博士の解釈を批評する論文を収録しています。山口博士は日本のみならず世界の仏教学者から尊敬されている偉大な仏教学者です。その論文を読まれた幡谷博士からすぐに電話でお褒めの言葉をいただきました。博士は真宗学がご専門ですが、山口博士を非常に尊敬して「印度仏教中心思想史」などの講義に出て学ばれた方です。幡谷博士は、「山口先生を雲の上の人のように思っていたので、その説に批評の余地があるとは考えてもみなかった」と言われて、私の批評論文の成果を喜んで下さいました。山口門下の先生方からもまったく非難を受けませんでした。それが学術研究に携わる者のあるべき姿だと思いますが、真宗学の分野ではそうはいかないという雰囲気があります。

もう三十年ほども前になりますが、真宗学専攻の若い教員に、『仏教学セミナー』には書評と紹介のコラムがあるのに『親鸞教学』にはそれがない理由を尋ねたことがあります。その教員は、人の考えを批評するなどというのは真宗学のする学問ではない、というように答えました。書評欄を設けないようなものが学会誌と言えるのだろうかと思ったその時の不信感が、今も強く残っています。

仏陀の教えであれ親鸞の教えであれ、宗教を学ぶ者には、他の学問にもまして批評精神が求められると思います。批評精神を持たずに信仰心だけで宗教にのめり込むことの危険性は、カルト宗教が引き起こした事件を引き合いに出すまでもなく明らかだからです。そこまではいかなくても冒頭で述べた住職の場合のような弊害をもたらすからです。話がいささか飛躍しましたが、私が言いたいのは、仏陀の経典や親鸞の聖教を学ぶ場合には、権威者の言葉を通してではなく、批評精神を持って読まなければ、正しく学ぶことはできないということです。曽我師の書を読む場合も同様に、批評眼が必要であることは言うまでもありません。

それでは宗学を学ぶうえで、批評精神や批評眼はどうすれば獲得できるか、ということが問題になります。私には先に述べた梶山教授の勧めて下さった方法が具体的で良い方法だと思えます。私が宗学を学ぶために梶山教授の方法を実践していて最近になって気づいたことは、宗学の書のなかで批評眼を養うのに適した書は江戸教学の講録だということです。江戸教学は封建教学と呼ばれて、単に伝統教学を踏襲したに過ぎないものであるかのように言われることがあります。確かに講録を研究された住田智見師が「新生面を開拓する活気減退し、知らず知らずの間に学説の固定となり云々[64]」と言われるように、そのようなものも多数あるようです。しかし、のちにご覧いただくように、幾人かの講師による講録は実に該博で精確な智見を備えており、近代教学の法話的な講義録には及びもつかないものです。そのなかには近代仏教学の方法論に見られるような、文献学的検証を用いた実証的考察がすでに認められます。そして何よりも得難い恩恵は、その実証的な考察を読むことを通して、梶山教授の言われた研究に必要な批評眼が自ずから得られることです。これが、宗学を志す人に講録を読むことをお勧めするゆえんです。

(62) 佐藤正英『歎異抄論註』(青土社、一九八九年)五二七頁。
(63) 幡谷明『大乗至極の真宗――無住処涅槃と還相回向――』(方丈堂出版、二〇一三年)一二一頁。
(64) 住田前掲註(34)書四八九～四九〇頁参照。

七　聖教を正しく学ぶために

以上、「現世往生説」が聖教を読み誤ったことから生じた誤解であることを検証してきました。聖教を正しく読むことは、曽我師や星野師の誤解の例が示すように、言葉で言うほど容易に実行できることではありません。その困難さをどのようにして克服するかを考えるとき、聖教の正しい読み方を学ぶためには、江戸教学の講師たちの講義録を読むことが、一つの有効な方法だと思えます。すでに香月院の講録の優れていることは示しましたが、ほかにも優れた講録の存在することを知っていただくために、そして講師たちの念頭にあった親鸞の往生理解が、臨終往生であって現世往生ではなかったことを明らかにするために、以下では、講録に親鸞の往生論がどのように説明されているかを一緒にご覧いただきたいと思います。講録の緻密な注釈を読むとき、星野師や近代教学の諸師たちの理解が、いかに杜撰なものであるかがよくわかります。そのことを知っていただくためにも、以下に多少詳細に過ぎるとの印象を与えるかもしれませんが、親鸞の聖教を精緻に注釈する講録を見ていきたいと思います。

本書をここまで読んでこられた皆さま方は、すでに真宗学や仏教学の特殊な用語や概念にかなり馴染んでおられることと思いますので、講録を援用するに際しては、理解を助けるためにこれまでどおり多少の手は加えますが、なるべく原文のままに引用し、理解しにくいと思われる場合にのみ、その要点を説明して、講師たちが親鸞の往生論をどのように理解していたかを紹介したいと思います。

ある講演会で、廣瀬惺同朋大学特任教授が「救済の現在性――「今」――」と題する講演をされ、それが研究誌上に掲載されています(65)。その冒頭に教授は、「親鸞の著述を繙きますとき、臨終往生の克服には、特に意を尽くしておられることを知ることができます」と記しておられます。教授は、そのように考え得る典拠には二つあり、その一つは、親鸞が『一念多念文意』に『往生礼讃』の、

恒願一切臨終時　勝縁勝境悉現前

恒に一切の（あるいは、一切衆生は）臨終時に、勝縁勝境が悉く現前せんことを願え。

という文を引用し、その「臨終時」の語を「いのちおわらんときまで」と注釈しているこ

とにあると言われます[66]。ほかの一つは、『尊号真像銘文』に『観念法門』の、

命欲終時　願力摂得往生　故名摂生増上縁

命終わらんとする時、願力摂して往生を得、故に摂生増上縁と名づく。

という文を引用し、その「命欲終時」の語を親鸞が、

臨終のとき、はじめて信楽決定して摂取にあずかるものにはあらず。ひごろかの心光に摂護せられまいらせたるゆえに、金剛心をえたる人は正定聚に住するゆえに、臨終のときにあらず。

と注釈していることにある、と言われます。親鸞がこのように通常は臨終時の往生を予想させる「臨終の時」という語を「いのちおわらんときまで」と注釈し、「命終わらんとする時」の語を「臨終のときにあらず」と注釈したのは、往生する時を臨終の時とする通常の往生観を克服するためである、というのが廣瀬教授の主張であると考えられます。教授は親鸞のこのような注釈がこの文章全体を現生あるいは現在の事として解釈したことを示

しており、それは江戸期の講録以来指摘されている事柄であると言われます。「いのちおわらんときまで」が現生や現在の事を示すというのは、講録の指摘をまつまでもなく当然のことですが、それを根拠にして親鸞が臨終往生を克服したとする教授の解釈は江戸期の講録からは生まれません。にもかかわらず教授がそのように解釈されるについては、先述の曽我師の「不体失往生」の誤解にもとづくいわゆる「現世往生説」の影響がうかがえます。

親鸞がこれらの注釈によって「臨終往生の克服」を意図したとは考えられません。教授の典拠とされる『一念多念文意』と『尊号真像銘文』を注意深く読めば、そのようなことが意図されていないのは極めて明らかです。『尊号真像銘文』の検証は他日に譲って、ここでは『一念多念文意』（以下、『文意』）のみを取り上げます。というのは、この書には江戸期の、

円乗院宣明《えんじょういんせんみょう》（一七四九～一八二一）の『一念多念証文要訣』（以下、『要訣』）
開悟院霊晅《かいごいんれいおう》（一七七五～一八五一）の『一念多念証文記』（以下、『証文記』）

という講録があり、講録の優れていることを紹介するという今の目的にも適うからです。その講録の『往生礼讃』の「恒願一切臨終時」に対する説明のなかに、廣瀬教授の言われる親鸞が臨終往生を克服しようとしたことを示すような文言が認められるか否かを検討し、

それによって『文意』に示される親鸞の往生思想を明らかにしたいと思います。

円乗院と開悟院とは師弟関係にあります。[67] 師の円乗院の講録『要訣』は簡潔で要を得ています。弟子の開悟院の『証文記』は詳細丁寧で初心者にも理解しやすい好著です。両者の親鸞の往生思想の理解に齟齬は見られません。江戸期の高倉学寮を中心とする宗学は、全盛時代（寛政二年〈一七九〇〉～嘉永四年〈一八五一〉）を経て固定時代（嘉永五年〈一八五二〉～明治三十七年〈一九〇四〉）に入ると、「師説の長所を伝承するにつとむるとともに、新生面を開拓する活気減退し、知らず知らずの間に学説の固定となり、萎靡《いび》不振の兆しを顕わすに至[68]」ることとなります。しかし円乗院と開悟院はその全盛時代に属する人であり、のちに紹介する両師の説からも推測されるように、古説の伝承のみを事とする人でないことは明らかです。それゆえ以下には、まず『要訣』によって『文意』の要点を把握し、その後に『証文記』によって『文意』の趣旨を考察するという方法で親鸞の往生思想が両師にどのように理解されているかを見ていきたいと思います。

1　一念をひがごとと思うまじき事

念仏往生を唱える浄土門においては、必然的にその念仏がいかなるものであるかが問われます。法然門下における「一念か多念か」と念仏の回数を問う論争に対する批判を、隆寛は『一念多念分別事』(以下、『分別事』)に示しています。親鸞門下においても同様に、関東の門弟たちの間で一念往生か多念往生かをめぐる論争が生じました。その論争に対して親鸞は隆寛の書にもとづいて、そこに引用される経論釈の要文を抄出し、一念多念のいずれにも固執してはならないことを明らかにして『文意』を著しました。[69] 本書が著されたのは親鸞八十五歳の年のことです。

この書には経論釈の明文が大略二十三箇所証文として出されています。一念の証文十四箇所のうち、最初に援用される『往生礼讃』の「恒願一切臨終時」と『大無量寿経』の「諸有衆生」との二つの証文は『分別事』に出るものです。円乗院は親鸞が一念の証文としてこれらの証文を援用するのは「即得往生の義を成立せんため」であり、「今家己証の法門にして他人未談のところ」であると述べ、親鸞独自の理解を示すものだと言います。[70] 円乗院のこの指摘は重要です。なぜならこの指摘は、親鸞が隆寛の『分別事』に援用される一念の証文の意図が「即得往生」を証明することにあると理解していること、そしてそれが親鸞独自の往生論を示すものであることを明示しているからです。

隆寛が『分別事』で一念往生の証文として掲げた『往生礼讃』の「恒願一切臨終時」と『大無量寿経』の「諸有衆生」との二つの引文を、親鸞も『文意』の冒頭にそのままに引用します。それは円乗院の言うように、その二つの証文が「即得往生」の意味を明らかにするものだからです。それに続く十余の証文はその親鸞独自の「即得往生」理解を証明するための引文です。それゆえ、本節冒頭で述べた廣瀬教授が『文意』の冒頭に『往生礼讃』の「恒願一切臨終時」の「臨終時」の語を親鸞が「いのちおわらんときまで」と注釈し、それによって「臨終往生」という往生理解を克服しようとしたとする旨の理解も、如上の『往生礼讃』と『大無量寿経』とから二文を続けて引文した親鸞の意図に沿うものでなければ正当なものとは認められません。以下にこの二文が引用される文脈をできる限り忠実にたどることによって、「即得往生」に対する親鸞独自の往生理解がいかなるものであるかを検討したいと思います。

親鸞は「一念をひがごとと思うまじき事」と述べて、証文の引用と注釈とを始めます。親鸞が冒頭でこのように述べるのは、当時、一度の念仏で往生の行が完成する（一念業成、一念往生）とする考えに固執したり、繰り返し称える念仏で往生の行が完成する（多念業成、多念往生）とする考えに固執したりする「ひがごと」に起因する論争が起こり、浄土門の人々を迷わせたからです。円乗院はその「ひがごと」について次のように述べます。

多念業成と執するがゆえに一念をきらうなり。一念業成と執するがゆえに多念をきらう。偏僻のこころにてかたよるをひがむと云うなり。(71)

それに続いて、真宗では一念往生とか多念往生とは言わず、念仏往生と言うという注記をして、念仏往生の意味を次のように説明します。

浄土真宗のならいには念仏往生ともうすなり。まったく一念往生、多念往生ともうすことなし。ただ念仏往生とふかく信ずる時、業事成弁なるなりとしるべし。しかれば信の一念にて往生のさだまることをひがごととおもうまじきなり。信心ひとつで往生ということをきらうまじきことなり。そのゆえに経文に乃至一念即得往生と説かるるがゆえこの義をおしたてて成立したまう一章段の文なり。(72)

ここでは、浄土真宗における念仏往生が、多念往生はもとより、一念往生とも異なるとされていることがまず注意をひきます。ここに言われる「一念往生」は、より正確には、一念で往生が定まるからその後は称名の必要がないとするいわゆる「一念義」の往生であり、(73)他方「多念往生」はその一念義に反対して多念にわたる称名の必要性を主張するいわゆる「多念義」の往生を指すと考えられます。親鸞はそのような両者のいずれかのみに偏する念仏による往生を批判しているのであり、一念往生と多念往生そのものを批判しているわけではありません。「一念をひがごとと思うまじき事」の文章では、そのうちの、一念往生そのものが批判されるべきでないことを述べています。それに続く「多念をひがごとと思うまじき事」の文章では、多念往生そのものが批判されるべきでないことを述べています。ここでは、廣瀬教授の「親鸞が臨終往生の克服に特に意を尽くした」とされる理解が、江戸教学の講師たちの理解とまったく異なるものであることを検証し、それによって親鸞の往生理解を明らかにするということが目的ですので、検証の範囲を『文意』の「一念をひがごとと思うまじき事」の文章に限定します。そこに親鸞の往生理解は充分明瞭に示されているからです。

念仏往生はその「一念往生」とは異なって、「ただ念仏往生あるのみ」と深く信ずる時に業事成弁すること、言い換えれば、信の一念によって往生の定まることを意味します。円乗院は、一念義の誤った一念往生と、『御文』にたびたび見られる真の一念往生との違いを次のように説明します。

祖師の箇ぶところの一念往生というは、行者の一声のところにて往生の業が成ずると執するなり。御文に言う一念往生というは、帰命の一念に往生がさだまるをさして一念往生と云うなり。(74)

後者の一念往生が『大無量寿経』には「乃至一念、即得往生」と説かれるのだ、と円乗院は言います。つまり、一念往生は本来、『大無量寿経』に「乃至一念、即得往生」と説かれるように、「信の一念によって往生の定まること」を意味するものであり、過ちではないとするのが、「一念をひがごとと思うまじき事」を明らかにするために『往生礼讃』と『大無量寿経』からの二つの証文とそれに続く十余の証文とを援用した親鸞の意図である、と円乗院は説明しているのです。この説明によってようやく、一念を証するために十四の証文を援用した親鸞の意図が、『大無量寿経』に「即得往生」と説かれることこそ念仏往生の意味であると説明することにあったことが明らかになります。

以上、円乗院の注釈によって、われわれは親鸞が『分別事』から『往生礼讃』の「恒願一切臨終時」と『大無量経』の「諸有衆生」との二文を引文したのは、「ひがごとでない」本来の一念往生が、『大無量経』の十八願成就文に説かれる「即得往生」を意味することを明らかにするためであったことを知るにいたります。親鸞が「臨終時」を「いのちおわらんときまで」と注釈したのは臨終往生を克服するためだとする廣瀬教授の解釈も、その「臨終時」が上述のような親鸞の意図を述べる文脈中に用いられる語の解釈として妥当であるか否かを検討することによって、その当否が決定されなければなりません。それゆえ「恒願一切臨終時」と「諸有衆生」との二つの証文が、どのような文脈で援用されているかを以下に考察してみましょう。

2 『往生礼讃』からの証文

a 恒願一切臨終時

円乗院はこの『往生礼讃』からの証文の意味を、簡潔に「平生に見るにつけきくにつけ得生の想いをおこせよとすすめたまう[75]」と先に表示しておいて、以下、詳細に解説を始めます。円乗院は『分別事』の「念念にわすれず、念念におこたらず、まさしく往生せんずるときまで念仏すべきよしを、ねんごろにすすめさせたまいたるなり」の語を引用して、

時時剋剋にただ今やおはりと臨終のおもいをなすべし。これすなはち念死念仏の義なり。

と述べます。『往生礼讃』の「臨終時」を、隆寛は「往生せんずるときまで」と注釈し、親鸞は「いのちおわらんときまで」と注釈します。親鸞は隆寛の『分別事』にもとづいて「臨終時」の注釈をしようとしているのです。臨終を隆寛は「往生すること」と言い換え、親鸞は「いのちおわること」と言い換えたのです。ここには、臨終と往生と命終とは同義

に用いられています。この親鸞の注釈には臨終往生という考え方を避けようとか克服しようとする意図はまったく見られません。親鸞が「いのちおわらんときまで」と言うのは、隆寛が「往生せんずるときまで念仏すべきよし」と言ったことに準じてのことです。ゆえに親鸞は、「恒願一切臨終時」の語を「臨終往生のときまで念仏すべきよしをねんごろにすすめる」ものであると注釈しているのであって、廣瀬教授の言われるような、臨終往生を克服しようなどという意図は何ら認められません。

b　勝縁勝境悉現前

勝縁勝境という合成語には二種の解釈がありますが、そのいずれをとるにしろ、善知識に遇うことや仏を見たり、光を見ることおよび異香を嗅ぐことなどの瑞相を指します。円乗院は、

すべてさまざまめでたきことどももみな往生の増上縁なり。信心の内因に対するが故に勝縁という。これ行者に対すれば勝境なり。(76)

と言います。したがって『往生礼讃』からの証文は、これら「めでたきことども」がこと

ごとく臨終の時に眼前に現れるように願えということを意味します。しかしそうすれば親鸞の意に適わない「来迎《らいごう》だのみ」と同様のことになるではないかという疑問が生じますが、そうではないと円乗院は言います。一念多念の執着を退けるために「恒願一切」の証文を引用した親鸞の意図をよく言い表した説明であると考えられますので、多少長文になりますが煩を厭わずに引用することとします（理解しやすくするために改行して段落を設けます）。

ときにめでたきことども、めのまえにあらわれたまえとは臨終のときなり。それでは来迎だのみに相似たり。その義はいかんと云うに、これはかねて証得したる往生のことはり、はやくあらわれてこころしずかに念仏しておはらんとは、平生のこころばへなり。おがまずともその臨終にかかる勝相拝見せまほしきとおもう欣求心のありさまなりとしるべし。（中略）

おがんでもおがまんでも、どうしても願力にひかれて往生はすれども、静かに念仏して往生せんとおもうが願生の相なり。（中略）

これは欣求心をすすめたまう。念仏するについて恒願なり。詮ずるところ一には、聞信の一念のたちどころに即得往生の勝益をうるゆえに、その証得しつる往生の現前せんとねがえとなり。これ平生業成の理なり。若しまた証得せずんば、何ぞこのおもいあらん。この願生心おこらば、懈怠の罪を消して自然と多念となろうところなり。この故に一念こそよけれ多念こそよけれの執情を捨止せんために、これを証したまう。若し一念往生ならば、何ぞめでたきことどもめのまへにあらわれたまへのねがいあらん。決するところは即得往生の勝益のうえに恒にねがえとすすめたまう。(77)

ここには親鸞の『往生礼讃』の証文を引文する意図が説明されています。証文は文字どおりには、「勝縁勝境」という「めでたきことども」が臨終時にことごとく現前することを願え、と説いています。そうすれば、ここには臨終来迎を願う往生が説かれていることになります。しかしそれが「臨終来迎を願う」ことを勧めるものでないことを示そうとして、円乗院はその「願い」を「おがまずともその臨終にかかる勝相を拝見せまほしきとおもう欣求心」であると説明し、「詮ずるところ一には、聞信の一念のたちどころに即得往生の勝益をうるゆえに、その証得しつる往生の現前せんとねがえとなり」と説明します。

つまりは、「聞信の一念に得られることが確定し保証されている往生が、臨終において現前するように願え」というのであって、「確定してもいない往生が、臨終来迎の姿をとって現前することを願え」というのではないと説明しているのです。この説明によっても円乗院には、親鸞が退けようとしたのが後者の「臨終来迎の往生を願う(おがむ)こと」

であると領解されていたことが明瞭です。親鸞は臨終往生を願うことは何ら否定していません。親鸞が否定したのは「臨終来迎の往生を願うこと」です。廣瀬教授にはその違いが理解できていません。親鸞が廣瀬教授の言われるような「臨終往生」を克服しようとか退けようとする意図を持っていたと伝承された形跡は、『要訣』にも『証文記』にもまったく見受けられません。

先に見たように、隆寛はその臨終時を「往生の時まで」と解し[78]、親鸞は「命終の時まで」と解しました。そうすれば、それは信の一念以後「往生の時まで」を意味するので、証文の「勝縁勝境」は「かねて証得した往生のことはり」を意味することに転じます。信の一念に証得した往生のことはりを意味することとなります。「往生のことはり」とは、善知識や仏やその光りや異香等の往生の実現を予兆する「めでたきことども」であり「勝相」を指します。それらが臨終時にはことごとく現前して心しずかに念仏して往生したいと願う「欣求心」である「平生のこころばえ」を、「命終の時まで」抱けというのが、「命終時」を「命終の時まで」と注釈する親鸞の意図です。そう解することは親鸞の平生業成の趣旨にも適います[79]。

それらの「めでたきことども」は要するに（詮ずるところ）信の一念に成就する「即得往生」、つまり正定聚の位につくことによって得られる勝れた利益（勝益）です。「その証得しつる往生」というなかの「往生」の語はいささか理解し難いですが、「現前せんと願われるもの」とされていることおよび前文との関連から判断すれば、「往生のことはり」を指すものと考えられます。[80]それゆえここには、信の一念において「即得往生」（住正定聚、往生すべき身と定まること）が身に備わることになるが、それが身に備わったことによって得られる「めでたきことども」が臨終に現前することを願う願生心を持て、ということが説かれていることになります。このような仕方で浄土往生を願うのは、正定聚に住することもせずに臨終来迎を願う（おがむ）こととはまったく異なります。そしてそういう願生心は念仏への怠け心を消して、自然に臨終にいたるまで繰り返し念仏をさせることになります。

もし親鸞が『大無量寿経』第十八願成就文の「乃至一念、即得往生」の語を文字どおりに理解して、信の一念で即時につまり現世で往生することを意味するものと理解していたとすれば、どうして臨終のときに「めでたきことども」が現前するように命終わるまで多念にわたって願えと述べるこの語を証文として引用したりするでしょうか。廣瀬教授は『尊号真像銘文』の、

すでに尋常のとき、はじめて信楽をえたる人というなり。臨終のとき、はじめて信楽

決定して摂取にあずかるものにはあらず。ひごろかの心光に摂護せられまいらせたるゆえに、金剛心をえたる人は正定聚に住するゆえに、臨終のときにあらず。(81)

という文章を挙げて、「ここでもはっきりと、臨終の時ではないんだ」と親鸞は述べていると言われます。しかしここで親鸞が「臨終の時にあらず」と言うのは、信楽決定して摂取にあずかり「正定聚に住するのが臨終の時ではない」と言っているのであって、「往生は臨終の時ではない」と言っているのではありません。それゆえこの語が、「臨終往生を克服することに特に意を尽くしておられること」を示すものでないことは明らかです。

3 『往生礼讃』と『無量寿経』とからの二証文の関連性

『往生礼讃』の「恒願一切臨終時」の「一切」を、隆寛は一切時と解し、親鸞は一切の衆生と解しました。両者の理解の相違について開悟院は次のように説明します。

分別事は一切をば一切時と釈す。一切のときは昼夜十二時のことなり。(中略)行者十二時に於て、今や無常の風来らん、今や臨終ならんと思うて、臨終になるならば仏菩薩目前に来現すべしと、此の如く発願すれば、称名念仏時時に間断なく相続するなり。この悉現前は仏菩薩の来迎と同じことなり。

開悟院は、隆寛のように「一切」を一切時と解して、日常の一瞬一瞬の一切の時を臨終の時と思って、仏菩薩が目前に来現することを願って間断なく称名念仏することを勧めるのが『往生礼讃』の意図であると理解するなら、それは臨終来迎を願う念仏と同じことになる、と言います。先に見た円乗院は隆寛と親鸞の解釈の間にさほどの相違を認めていませんが、このような開悟院の説明は、親鸞が臨終来迎を願う念仏を峻拒したことを考慮して、両者の念仏往生の思想の相違を明確にしようとしてなされたものと考えられます。

親鸞は一切を「よろずの衆生」と注釈します。開悟院は、その親鸞の注釈を、一念の証文として次に引文される第十八願成就文の「諸有衆生」を考慮してなされたものである、と考えます。本節冒頭で、円乗院が『要訣』によって、『文意』の一念の証文の最初に援用される「恒願一切臨終時」と「諸有衆生」との二つの証文の意図を、親鸞が「即得往生」を証明するものと理解していることを明らかにしたことを指摘しました。そしてその「即得往生」が親鸞独自の往生理解を示すものであることを明らかにしたことの重要性を指摘しました。今の開悟院の、親鸞が一切を「よろずの衆生」と注釈するのは「諸有衆生」を考慮してのことであるとする注釈は、この円乗院の領解にもとづいてなされたものと考えられます。開悟院は次のように注釈します。

分別事は一切を一切時と云う。吾祖は一切と云うはよろずの衆生と云うこと。よろずの衆生と云うは、願成就の諸有衆生、成就の諸有衆生なれば、聞其名号の一念に阿弥陀仏の心光（原文、念光）に収められる。心光と云うは報身如来の護念なり。（中略）平生の時、摂取の光明化仏化菩薩に護らるる処が即得往生の相なり。故に念仏の行者は臨終に及ぶ迄は兼て守りたまう。勝縁勝境命終るときに目前に現じたまへと、折りに随ひ、事に順うて常に発願す。是念仏の助業にあらずや。

ここに説かれるのは次のようなことです。すなわち、『分別事』では「一切」が一切時と解されており、それでは「恒願一切臨終時」が臨終の時までのあらゆる時に臨終来迎を願うことを意味することになりかねません。それゆえ親鸞は、「一切」を「よろずの衆生」と注釈しました。「一切」は続いて引文される成就文の「諸有衆生」を指すと理解するのが開悟院の解釈です。第十八願の成就文に説かれる「諸有衆生」とは、阿弥陀仏の名を聞く信の一念に仏の心光に摂取される衆生のことです。開悟院は、その平生の時に摂取の光明化仏化菩薩に護られることが「即得往生」の相である、と言います。

このように述べて、開悟院は、平生の時に摂取の光明化仏化菩薩に護られること（即得往生）と、臨終時に仏菩薩の相好を拝し、浄土の荘厳を見ることとの関係を説明するために、次のように存覚の『浄土真要鈔』の文を引用します。

〔業果に縛られた〕果縛の穢体なるほどは、摂取の光明わが身をてらしたまうをしらず。化仏菩薩のまなこの前にましますをみたてまつらず。しかるに一期のいのちすでにつきて、いきたえまなことづるとき、かねて証得しつる往生のことはりここにあらわれて、仏菩薩の相好をも拝し浄土の荘厳をもみるなり。これさらに臨終のときはじめてうる往生にはあらず。されば至心信楽の信心をえながら、往生をほかにおきて臨終のときにはじめてえんとはおもうべからず。したがいて信心開発のとき摂取の光益のなかにありて、往生を証得しつるうえには、いのちおはるときただそのさとりのあらわるるばかりなり。ことあたらしくはじめて聖衆の来迎にあづからんことを期すべからざるとなり。[82]

ここには、「即得往生」と呼ばれる事柄の内容と、臨終時の見仏などとのつながりが描かれていて興味深く思われます。先にわれわれは開悟院が、「平生の時、摂取の光明化仏化菩薩に護らるる処が即得往生の相なり」と述べていたのを見ました。その「即得往生の相」は、ここでは「摂取の光明わが身をてらしたまう」と説かれ、「化仏菩薩のまなこの前にましますと説かれています。それが、弥陀の名号を聞き信心歓喜して一念の心を起こした者に即座に往生の定まった姿（即得往生の相）です。煩悩に覆われた凡夫には平生はその姿は見えませんが、臨終の時には、かねて証得していた「往生のことわり」が現れて仏菩薩の相好と浄土の荘厳とを見ます。したがってそれは臨終時に初めて得る往生のことわりではありません。それは至心信楽の信心を得たときに証得した往生のことわりであり、その往生のことわりを開悟院は「一念の立処に往生定まることわり」であると言うのです。行者には「一念の立処に往生定まることわり」が得られている。それが臨終時に現前する。それゆえ臨終時に改めて聖衆の来迎することを待つ必要はない。往生の定まることわりは信の一念においてすでに証得しているからである、と開悟院は言うのです。

ここにかねて証得していた「往生のことわり」と言われ「往生定まることわり」と言われているものは何か。「かねて」とは信心歓喜してたとえ一念の心なりとも生起する時を指すでしょう。そうすれば、「往生のことわり」は開悟院の言う「即得往生の相」に相当すると考えられます。「往生のことわり」であり「往生定まることわり」であり「即得往生の相」なるものが臨終時に現前するのが真実報土への往生です。したがって「信心開発のとき摂取の光益のなかにありて、往生を証得しつる」と言われる場合の「往生」は、精確には「往生のことわり」「往生定まることわり」でなければなりません。ここでは「至心信楽の信心を得」、「信心開発のとき」に証得されるのは、「往生」そのものでなく「往生のことわり」「往生定まることわり」とされているからです。それは先に考察した『要訣』に説かれる、

詮ずるところ一には聞信の一念のたちどころに即得往生の勝益をうるゆえに、その証得しつる往生の現前せんとねがえとなり。これ平生業成の理なり。(83)

という文中の「証得しつる往生」を「証得しつる往生のことわり」を意味するものと理解したのと同種の事柄です。円乗院の表現は存覚の上記の『浄土真要鈔』にも見られる簡略化した表現に起因するものと考えられます。存覚の「往生のことわり」を「往生」とのみ言うこの簡略化した表現は、江戸期の講師たちにも引き継がれています。開悟院も、

名号を聞く一念が即得往生住不退転。聞く後に往生定まるに非ず。聞て信ずる処が即ち往生なり。(84)

と述べています。この「往生なり」が精確には「往生定まるなり」であることは文脈から明らかです。しかしそれは聞名した信の一念が往生する時を述べる文章であるかのように誤解される可能性があります。近代教学の信奉者たちによって、親鸞が「現世往生」を説いたかのように誤解された一因に、存覚や江戸期の講師たちが上記のように「往生のことわり」や「往生定まることわり」を簡略化して、「往生」と表現したことがあると考えられます。言葉はこのようにその前後の文章との繋がりのなかで、文脈に沿って精確に理解しなければなりません。「直ちに往生が得られる」かのように表現されていても、それは実は「往生のことわり」や「往生定まることわり」の得られることが述べられているのです。

存覚は同じく『浄土真要鈔』において、念仏の行者が「往生をうる」ということについて、「この往生は一念帰命のときさだまりて、かならず滅土にいたるべきくらいをうるなり」と述べて、帰命一念の時に「往生をうる」と言われる場合、それは「往生が定まる」ことであり「浄土に至るべき位を得る」ことを意味するのであり、文字どおり往生が得られることを意味するわけではないとする領解を示しています。[85] それに続いて『浄土文類聚鈔』の、

必ず無上浄信の暁に至れば、三有生死の雲晴れ

の偈文を引用して、真実の信心を得たときに「寂滅無為の一理をひそかに証す」ことになると言います。それが帰命一念の時に言われる「往生をうる」の意味です。帰命一念の時に「ひそかに証される寂滅無為の一理」を、存覚は先には「かねて証得しつる往生のことわり」と表現していました。その「寂滅無為の一理」であり「往生のことわり」なるものが実現する、つまり往生が実現するのは、煩悩と業とに覆われた穢身を捨て一生を終わる臨終の時においてです。そのことを存覚は次のように説明します。

しかれども煩悩におおはれ業縛にさへられて、いまだその理をあらはさず。しかるにこの一生をすつるとき、このことはりあらはるるところをさして、和尚は「この穢身をすててかの法性の常楽を証す」と釈したまへるなり。(86)

存覚も円乗院も、聞信の一念のたちどころに得られるのは「往生のことわり」であって、決して往生そのものであるとはどこにも述べていません。両者はともに、往生の定まることは聞信の一念においてであるとし、往生は命終の時であるとします。それは成就文にお

ける「即得往生」が、文字どおりの「聞信の一念に得られる現生での往生」の意味に解すべきでないとする親鸞の解釈にもとづくものです。

開悟院は、親鸞が一念のひがごとでないことを証するために引用した「恒願一切臨終時、勝縁勝境悉現前」の証文は、要するに、「即得往生の相」が臨終の時に現前することを願えと述べるものであるとして次のように言います。

悉現前と云へるは往生のことにあらず。即得往生の相た命終のときに顕れたまへと発願する心なり。上来略して弁ずること如是。(87)

ここに言う「即得往生の相」は、往生の因である信心と、増上縁である善知識や仏菩薩の光明などの勝縁勝境を指します。証文はそれらが臨終の時に顕れるように、折りにつけ縁にふれて恒に願えと述べます。それは臨終来迎による往生を願うこととは異なります。勝縁勝境が臨終に顕れるようにと願うのは、信の一念において「往生のことわり」を証得し「即得往生」の身となった者が、それ以後、その一念を与えられたことを慶び、さらに持続させるために、臨終にいたるまで多念にわたって折りにふれての願いであって、それによって往生が定まるものではないからです。それゆえ親鸞にとって、「一念往生」はそれが「即得往生」をもたらし「往生すべき身と定める」ものである限り「ひがごと」ではなく、「多念往生」も往生すべき身と定まった者が報謝として念じ願ずるものである限り「ひがごと」ではないのです。多念往生がひがごとではないとする親鸞が、臨終往生を克服しようとしたりするとは考えられません。

この後、「一念をひがごとと思うまじき事」を示す証文としては、『無量寿経』から証文「信心歓喜　乃至一念」と「即得往生」の文が引文されます。そこにも円乗院と開悟院との精確な解釈が見られますが、紙面が尽きてきました。しかし講録の精確さはよくご理解いただけたと思いますから、その紹介はこの辺りで割愛します。ただそこには存覚から円乗院・開悟院に継承された親鸞の「即得往生」に対する理解が、的確に示されていることだけを指摘しておきたいと思います。

存覚は「もし臨終に法にあわばその機は臨終に往生すべし。平生をいわず、臨終をいわず、ただ信心をうるとき往生すなわちさだまるとなり。これを即得往生という(88)」と記しています。円乗院・開悟院によれば、親鸞の引文する「即得往生」は、信心を得るときに往生が定まることを意味するのであって、平生か臨終かは問われません。親鸞が「即得往生」を「平生業成」としたのは、ただ「一念をひがごとと思うまじき事」の理由を明らかにするためであって、平生に法に会う縁を得ず臨終に法に会えばその人の臨終に往生することが説かれていることは明らかです。ですからここでは臨終往生は何ら退けられていません。廣瀬教授の言われる「臨終往生の克服」が意図された形跡はまったく認められません。もし言うとすれば「臨終来迎の克服」とでも言われれば良かったと思いますが、「親鸞聖人は、「いのちおわらんとせんとき」というのを、いわゆる肉体の命とととっておられるのではなくして「自力の命の終わる時」という解釈をなさっておられる」と述べて[89]曽我師の「現世往生説」を立場とする教授には、やはり「臨終往生説」が克服されなければおさまりがつかないのでしょう。廣瀬教授は現在の宗学者には珍しく文献を正確に読むことに心がけておられる人と聞きますが、曽我師を絶対化するあまり教授の目が曇ったものと思われます。金子師は曽我師に終生畏敬の念を以て師事された人です。途中でご自分の未来往生（臨終往生）の考えが、曽我師の説と異なることに気づき、

近時、曽我師、即時往生を強調せらる。恐らくその体験ありてのことであろう、師説に反くべきではない。しからば反省せねばならない[90]。

と述べて、一時は自説を撤回することをも考えられたようです。しかしそうはされず生涯臨終往生説を堅持され、最後には曽我師をも納得させることになりました。「現世往生

説」を提唱された曽我師が、最晩年になって金子師の「未来往生説」を領解し自らそれを受け入れられたことは、伊東慧明師の手記からうかがわれます。(91) なぜ金子師が臨終往生を大切な教説とされたか、そして曽我師をも動かすことになったか、そのことを述べて本書を閉じたいと思います。

(65) 廣瀬惺「救済の現在性――「今」――」(『真宗教学研究』、真宗教学学会、二〇一五年、一〇六～一二二頁) 一〇七頁。
(66) 廣瀬前掲註(65)論文一〇八頁参照。
(67) 香月院深励と円乗院宣明とは理綱院恵琳の門下。開悟院霊暀は円乗院宣明の門下。住田智見『真宗教学之研究』(法藏館、一九八七年) 四八〇～四八四頁参照。
(68) 住田前掲註(67)書四八九～四九〇頁参照。
(69) 真宗新辞典編纂会編『真宗新辞典』(法藏館、一九九二年、第六刷) 二三三頁参照。
(70) 円乗院宣明『一念多念証文要訣』(『真宗大系』第二二巻、国書刊行会、一九七五年、以下『要訣』) 一頁参照。
(71) 『要訣』六頁上段。
(72) 同前。
(73) 『真宗新辞典』「一念往生」の項参照。
(74) 『要訣』八頁上段。

(75)『要訣』八頁下段。
(76)『要訣』一一頁上段。
(77)『要訣』一一頁上下段。
(78)円乗院は『要訣』(四頁下段)に『浄土源流章』には隆寛の多念義が次のように記されていると言う。「浄土教をききしより乃至臨終まで称名念仏不断なれば決定往生なり。念仏を修習してその業成就せることは必ず臨終にあり。平生は相続し修すともその業因成就することあたはず。臨終に業成して見仏し往生す」。
(79)山辺・赤沼両師も「いのちおわらんときまで」の語を平生業成の義に解している。山辺習学・赤沼智善『教行信証講義』教行の巻(法藏館、一九八四年)二七八頁参照。
(80)『証文記』(二二頁上段)に「一期のいのちすでにつきていきたえまなことづるとき、かねて証得しつる往生のことはりここにあらはれて、仏菩薩の相好をも拝し浄土の荘厳をもみるなり」とある。
(81)『真宗聖典』(東本願寺出版部、一九八九年、九刷)五二二頁。
(82)『証文記』二二頁上下。
(83)『要訣』一一頁下段。
(84)『証文記』一〇四頁下段。
(85)『浄土真要鈔』末(前掲註(10)『真宗聖教全書 三』)一四五頁。
(86)同前一四六頁。
(87)『証文記』一〇一頁上段。

(88) 前掲註(10)『真宗聖教全書　三』一二三頁。

(89) 廣瀬前掲註(65)論文一〇九頁。

(90) 金子大榮『真宗領解集』(文栄堂、一九九五年)三〇八頁注(21)。

(91) 『金子大榮著作集』別巻三(春秋社、一九八六年)三四五〜三四六頁。伊東慧明師の「解説」中に記された、一九七一年に病気見舞いに訪れた金子師に対する九十六歳の曽我師の言葉。前掲註(8)拙著三三四頁参照。

八　臨終往生説の意義

金子師は、親鸞聖人が最も慶ばれたことは「現生不退」ということであり、その現生不退〔現生正定聚〕は来世の往生ということがあって成り立つことであるとして次のように述べておられます。

> 念仏申させて貰うことによって、有難いという感覚をおこさせるものとは一体何だろうかと〔考えますと〕、そういう場として〔考えること〕は、私には後の世というものがあるの〔だということ〕であります。有難いという感覚をおこさせるものがあるのであります。死ねばお浄土へ行けるのであると〔思うのであります〕。人間の生涯の終わりには浄土へ行けるのであり、死の帰するところを浄土におくことによって、それが生の依るところとな〔るのであ〕って、浄土を憶う心があると、その心から光りがでてきて、私達に不安の只中にありながら、そこに安住の地を与えられるのでありま

す。（中略）来世の往生ということがあって、はじめてそこに現生不退が成り立つのであります。未来往生という時間的な、永遠の場ができなければ、現生不退ということもでてこないでしょうし、又、現在安住ということもでてこないでしょう。(92)

金子師は「臨終往生」という教義が、われわれに「生活根拠の獲得」をさせる大切な教えであることを上記のように指摘されたのです。金子師のこのご指摘は、『末燈鈔』に収められた、親鸞が有阿弥陀仏に宛てて記されたお手紙の次のような言葉に通ずるものです。

この身はいまはとしきわまりてそうらえば、さだめてさきだちて往生しそうらわんずれば、浄土にてかならずかならずまちまいらせそうろうべし。あなかしこ、あなかしこ。(93)

この親鸞の言葉からしても、臨終往生を説くことが決して無意味でないことは明らかです。曽我師はかつて、「死んでからお浄土に往くのではない。死んでからお浄土に往ったって始まらない」と言われたとのことですが、(94)最晩年には金子師のお言葉を受け入れて変わられました。金子師の「来世往生」を慶ばれるお気持ちは、次のようなお言葉にもよく示されています。

難思議往生も必ず未来の事であるべきであろう。即得往生は未来であり、住不退転は現生である。そこ（『文意』）には即得往生を直ちに、日をもへだてず浄土に生るるのであるとは解していない。（中略）往生浄土といふことが未来にあればこそ、摂取不捨や住正定聚の現生にあることが特に信心の歓びとなるのではないか。また往生浄土といふことが未来にあればこそ、臨終一念之夕、超証大般涅槃ということも特に感銘深く領会せらるるのである。(95)

金子師が聖教の「即得往生」の語を正しく理解し、それが畏敬する曽我師の理解と齟齬をきたすものであることを承知しつつも、生涯それをまげられなかったからこそ、正当な往生理解が今に伝わったことを大変有難く思います。それとともに、親鸞の説く往生を現世か未来かと問い続けられた曽我師の真摯な求道心をも尊く思います。そのことも師の思索力の強靱さを示しており、尊いことだと思います。幡谷博士は、曽我師の言葉は師の著作全体を通さないと本当の意味はわからないということをしばしば話して下さいました。師の「現世往生説」の行き先も、師の生涯全体を見通さないと理解できなかったのかも知れません。そう考えると、最晩年の曽我師の言葉を書き留めてくださった伊東師の手記が存在することを大変有難く思います。

(92) 曽我・金子前掲註(43)書一七一〜一七三頁参照。前掲註(8)拙著三二八〜三二九頁参照。
(93) 前掲註(81)『真宗聖典』六〇七頁。
(94) 前掲註(1)「朋友」一九頁。津曲編前掲註(4)書一〇頁。
(95) 『金子大榮著作集』第七巻（春秋社、一九八一年。一九二九年講述）二七〇〜二七一頁。

著者略歴
小谷信千代（おだに　のぶちよ）

1944年　兵庫県生まれ
1967年　大谷大学文学部卒業
1975年　京都大学大学院修士課程修了
1998年　大谷大学教授
1999年　大谷大学博士（文学）学位取得
現在　大谷大学名誉教授
〔主要著書〕
『浄土仏教の思想　三』―共著―（講談社）
『法と行の思想としての仏教』（文栄堂）
『倶舎論の原典解明　賢聖品』―共著―（法藏館）【鈴木学術財団特別賞受賞】
『真宗の往生論――親鸞は「現世往生」を説いたか――』（法藏館）
『虚妄分別とは何か――唯識説における言葉と世界――』（法藏館）
『親鸞の還相回向論』（法藏館）
『曇鸞浄土論註の研究――親鸞「凡夫が仏となる」思想の原点――』（法藏館）

誤解された親鸞の往生論
二〇一六年四月一五日　初版第一刷発行
二〇二〇年四月一五日　初版第二刷発行
著　者　小谷信千代
発行者　西村明高
発行所　株式会社　法藏館
京都市下京区正面通烏丸東入
郵便番号　六〇〇-八一五三
電話　〇七五-三四三-〇〇三〇（編集）
〇七五-三四三-五六五六（営業）
装幀　法藏館装幀室
印刷　立生株式会社　製本　清水製本所

ISBN 978-4-8318-9030-6 C0015